Erne Häusser:

Das Goldene Tor

Band I:

Spuren

Für die Texaner

Altes Küferhaus in Bönnigheim   Ernst Schube

Vorwort

"Das goldene Tor"

ist die Geschichte dreier Auswanderer, die jeweils nach Kriegen ihre Heimat verlassen haben, um in der "Neuen Welt" einen neuen Anfang zu gründen und Fuß zu fassen.

Viele gingen hinüber. Manche machten ihr Glück, von anderen hörte man einfach nichts mehr und viele Schicksale mögen ähnlich wie die hier beschriebenen verlaufen sein.

Wohl war der 1870/71er Feldzug siegreich zu Ende gegangen, aber immer noch herrschten Armut und Not und Beengtheit in den oft vielköpfigen Familien.

Ähnliche Gründe waren es nach dem Ersten Weltkrieg, wo Hungersnot und Geldentwertung folgten, und die Arbeitslosigkeit besonders die jungen Menschen zu neuen Ufern trieb.

Nach dem Zweiten Weltkrieg, wo ebenfalls das Chaos in Deutschland überhand nahm, waren es oft gerade diese inzwischen zu Wohlstand gekommenen Auswanderer der zwanziger Jahre, die ihre Verwandten oder Bekannten hinüberkommen ließen und beim Neuanfang Beistand leisteten.

Allen Auswanderern aber war eines gemeinsam:

Sie nahmen das heimatliche Erbe nach drüben mit, um damit den Grundstock für ihre neue Heimat zu legen. Dies schlägt sich in Orts- und Städtenamen in Amerika deutlich nieder, und ganze Länder zeugen von der Herkunft der ersten Einwanderer.

Die drei beschriebenen Geschichten beruhen auf wahrheitsgetreuer Grundlage. Lediglich bei der ersten Geschichte, die ja rund 130 Jahre zurückliegt, mußte ich naturgemäß meine Phantasie einschalten, wobei ich mich aber auch da so weit wie möglich an die damaligen Gegebenheiten gehalten habe.

"Das goldene Tor" ist aufgezeichnet nach Berichten der Großvettern und Großbasen in Texas, der Häusser-Familie im Staat New York, und meiner Schwester Ilse in Pennsylvanien, USA.

Herzlich danken möchte ich allen Obengenannten, die mich bei den Recherchen zu diesem Buch tatkräftig unterstützt haben, besonders Janthe Smith in San Antonio, Texas, ohne deren konsequente Ahnenforschung das Schreiben dieses Werkes überhaupt nicht möglich gewesen wäre.

Erne Häusser

September 1987

Es hätte ein Familientag im heimatlichen Schwabenland sein können, so sehr waren sie Schwaben geblieben, drüben im fernen Texas! Vom Flugzeug aus hatten wir heruntergeschaut auf das Land, das sich in sanften Konturen vom Golf von Mexiko abhebt.

Gegen Abend landen wir in Corpus Christi. Sieben Vettern und Basen der inzwischen weit verzweigten Verwandtschaft erwarten uns und winken aufgeregt, als wir die Sperre am Flughafen hinter uns lassen. Ein Schwall schwülwarmer Luft überfällt uns, es hat rund 40 Grad Celsius. Aber Vetter Gordon ist barhäuptig; den breitrandigen Texashut hat er bei seinem Besuch dem alten Onkel in Germany als Erinnerungsstück dagelassen.

Im Auto ist Aircondition, und es ist angenehm kühl.

Gordon und seine Frau Ianthe bringen uns zu ihrem Haus auf *Padre Island*, direkt in einer kleinen Bucht am Golf von Mexiko. Erst nach der Pensionierung hatte sich das Ehepaar Smith dort ein Haus gebaut. Als Lehrer an der Universität von Maryland tätig, wurde Gordon immer wieder in andere Länder versetzt, so auch Anfang der 80er Jahre nach Deutschland. Längst sind die drei Kinder erwachsen und leben in den Staaten verstreut. Da Großbase Ianthe in Austin aufgewachsen ist, zog es sie wieder ins heimatliche Texas zurück.

Die übrigen Vettern und Basen haben uns hierher begleitet. Ihre Namen sind Margret, Marie, Luise, Vivian, Walter und Ernst.

"Fühlt Euch wie zuhause!" - Das Haus ist geschmackvoll eingerichtet. Von der Terrasse aus geht der Blick zum weißen Sandstrand und Reihen von Palmen ins weite Rund der Bucht. Silbern spiegeln sich glitzernde Schaumkronen in sanften Wellen; *"klatsch"* macht es in regelmäßigen Abständen. Es sind die *"jumping Fish"*, die hüpfenden Fische, die sich im Wellenspiel einen lustigen Wettkampf liefern. Man könnte stundenlang diesem Treiben zusehen.

Tags darauf gehen wir baden im Golf von Mexiko. Mindestens 28 Grad warm ist das Wasser; kleine Wellen schlagen weich an den Strand. Weit draußen sind Erddölpumpstationen sichtbar; wie große

Insekten stehen sie mit ihren riesigen Schwingrädern gegen den klarblauen Horizont.

Wir können ein gutes Stück ins Meer hineinlaufen und auch draußen schwimmen, trauen uns aber nicht so recht hinaus ins Ungewisse. Bei der Rückkehr zum Strand kleben schwarze Ölbatzen an unseren Fußsohlen, und Ianthe beeilt sich, uns diese mit Papiertaschentüchern und Schmierseife zu säubern.

Die Seagulls ziehen kreischend ihre Kreise. Am Boden ist emsiges Vogelleben mit der Sandpiper, dem winzigen, spatzenfrechen Vögelein. Ungeniert hüpfen uns die kleinen Gesellen auf den Kopf, behaupten ihr Revier am jetzt nach den Ferien doch recht menschenleeren Strand.

Meilenweit fahren wir dann die Strandpromenade entlang und bewundern die üppigen Palmbäume, die weißen Villen inmitten herrlich grüner Rasenflächen.

Unsere Verwandten fahren uns durch Corpus Christi und legen uns Texas zu Füßen - sie freuen sich sichtlich über unseren Besuch! Endlich, nach über hundert Jahren, sind die Familienbande neu geknüpft worden!

Am Abend sind wir eingeladen beim Mexikaner, essen auf mexikanisch! Laßt es uns versuchen! Just a little bit - nur ein kleines bißchen von allem!

Nach unseren schwäbischen Gepflogenheiten machen wir auch Spaziergänge. Einfach *"a bißle laufe..."*. Aber da finden wir uns auf einsamen Wegen und wirken wohl auch *"a little bit crazy"*, ein bißchen verrückt. Man läuft nicht einfach spazieren in Texas, ist ja auch viel zu warm dazu! Demzufolge sind wir auch *"ganz kaputt"* beim Heimkommen. Aber im Haus ist Airconditon, und fast sogar ein wenig zu kühl. Ich frage mich im Stillen, wie das denn damals war, als die ersten Siedler sich in diesem feuchtwarmen Klima zurechtfinden mußten, ohne Klimaanlage...

November 1981

Nach langem Suchen und vielen Irrgängen hatte Ianthe mich, ihre Base dritten Grades, aufgestöbert.

Ianthe hatte von ihrer Großmutter, die als zweijähriges Mädchen mit ihren Eltern und Geschwistern nach Texas auswanderte, immer wieder den Ausdruck *"Benniche"* gehört. Das mußte der Ort im Schwabenland sein, wo die Großmutter geboren worden war und wo die Wurzeln ihrer Familie lagen. Mit diesem Wort *"Benniche"* ging Ianthe nun auf Suche, als sie im Jahre 1981 mit ihrem Mann Gordon in Deutschland lebte, der als Lehrer bei den amerikanischen Besatzungsmächten angestellt war.

An einem Novembertag fuhr das Ehepaar nach Stuttgart. Die Vorstellung, daß *"Benniche"* ein Teil von Stuttgart sein müsse, war in Ianthes Kopf festgewachsen. Tatsächlich stammte der Urgroßvater aus Fellbach; so muß das Wort Stuttgart in Ianthes Kindheit auch öfters gefallen sein. Man konnte mit dem Wort *"Benniche"* nicht viel anfangen und schickte die beiden Ahnenforscher nach Benningen und andere Orte, bis schließlich ein Hotelportier auf die falsche Schreibweise aufmerksam wurde. *"Das muß wohl Bönnigheim heißen!"*

Mit Hilfe des nun gefundenen richtigen Ortsnamens war es nicht mehr schwer, nach Bönnigheim zu finden. So fuhr das Ehepaar Smith am folgenden Samstag dorthin und fand sich auf dem Kirchplatz endlich am Ziel. Auf der Gedenktafel aus dem Ersten Weltkrieg fanden sie den Namen *"Schube"*: *Paul Schube, gefallen 1918.* Urgroßmutter Juliane Zacher war eine geborene Schube gewesen.

Es war Samstagnachmittag und keine Zeit für ein Forschen in den Kirchenbüchern. Aber da waren drei Frauen bei einem Schwätzchen auf dem Kirchplatz, an die wandte sich Ianthe und fragte mit Worten und Gesten nach "Schube".

Die Frauen waren sehr hilfsbereit und zeigten den beiden schließlich das Haus von Malermeister Schube in der Karlstraße. Man schellte an der Haustüre, und als Ernst Schube oben das Fenster öffnete, blickte er nur auf die breite Krempe eines Farmerhutes, das Darunter blieb verborgen. "Schube?" fragte Ianthe nach oben, und sofort ging die Haustüre auf. Als man jetzt, wiederum in gebrochenem Deutsch und gestikulierend herausfand, daß es sich bei den Besuchern um Schube-Verwandte handelte und daß die Großmutter von Ianthe eine Schube gewesen war, kannte die Freude keine Grenzen: *"Wir wurden empfangen wie lange verlorene Kinder!"* sagte Ianthe später immer wieder. Daß ein David Wilhelm Schube im Jahr 1866 nach Amerika ausgewandert war, das hatte man noch gewußt. Aber man hatte nie wieder etwas von ihm gehört, seine Spuren waren verwischt in den rund hundertzwanzig Jahren.

Irgendwer rief mich dann an jenem Samstagmittag zu Hilfe, und da ich der englischen Sprache kundig bin, bin ich zur Anlaufstelle der wiederentdeckten Verwandten aus Texas geworden, die inzwischen dank der technisierten Reisewege zahlreich den Weg in die Heimat ihrer Vorfahren gefunden haben.

Suchen

Meine Zeit, Deine Zeit, - kurze Zeit,
und alle Spuren sind verwischt,
und sollte sie hundert Jahre betragen haben,
einmal auf dieser Erde gewandelt,
wird Dein Fuß nie mehr die vertrauten Pfade gehen,
nie mehr um Dich sein, was mit Dir war...

Als wär' es nie gewesen, so schwindet's hin;
und der Sinn, was ist's gewesen, daß ich dagewesen bin?
Es zählt, was Du gewesen, es bleibt, was Du gegeben...

"Ach!" hatte ich zu Großbase Ianthe gesagt, *"ach, laß doch die alten Gebeine ruhen..."*

Es war im Pfarrbüro, der Ölofen spuckte und glühte, ebenso wie unsere Wangen. Eine weißgoldene Januarsonne drängte durch die Fensterscheiben und sandte staubschimmernde Strahlen auf die auf dem Tisch aufgehäuften und mit kunstvoller Schnörkelschrift bedeckten Seiten der alten Kirchenbücher.

Mit heißen Köpfen saßen wir davor und suchten die Schriften zu entziffern. Eintragungen über die Verstorbenen im Pestjahr 1626 waren da, ganze Seiten mit dem gleichen Datum. Viele gleiche Namen, viele Familien. Von 390 Toten in einem Jahr starben 366 an der Pest. Im Jahre 1635 gab die Pest dann ein erneutes grausames Gastspiel. Aufzeichnungen in sauberer, schlichter Handschrift, Namen, geschrieben in kunstvollen Schnörkeln: Ein Knäblein geboren..., ein Mägdlein geboren..., das Datum der Geburt, und oft genug das Sterbedatum gleich dahinter, oder nicht weit davon entfernt, und das Sterbedatum der Mutter dazu.

"Schau nur", sagt Ianthe, *"schau' nur, alle Kinder, und dann die Mutter selbst..."* Mit dem Finger fährt sie die Reihen der Namen ab. Kaum dagewesen auf dieser Erde und schon wieder gegangen. Gehofft und gelitten, immer wieder. Wir sind fassungslos.

Lange sitzen wir über diesem Buch. Manchmal haben wir die größte Mühe, die Namen zu entziffern, öfters wollen wir aufgeben. Aber Ianthe ist wie besessen von der Suche nach ihren Ahnen.

Und dann finden wir unseren Namen, finden unseren gemeinsamen Vorfahr: Johann Gottfried Schube, dessen zweiter Sohn Michael Gottfried Schube die Linie von Großbase Ianthe begründet hatte.

Von achtzehn Kindern aus zwei Ehen erreichten nur vier überhaupt das heiratsfähige Alter: Drei dieser Kinder wanderten in der Mitte ihres Lebens nach Amerika aus und begründeten dort ihren Stammbaum, während die jüngste Tochter mit ihrem Mann, einem Missionar, nach Grönland ging. So verblieb kein Sproß aus dieser Linie des Michael Gottfried Schube im Heimatort. Michael Gottfried selbst starb hochbetagt mit achtundachtzig Jahren.

Juliane Caroline Schube, sechzehntes von achtzehn Kindern, war die Urgroßmutter von Ianthe. Juliane verehelichte sich mit Friedrich Daniel Zacher aus Fellbach. Drei Töchter und ein Zwillingspärchen, Sohn und Tochter, wurden dem Ehepaar geboren; das Zwillingspärchen starb im Kindesalter.

Ianthes Großmutter Marie war ein Kind von zwei Jahren, als sie mit ihren Eltern und Geschwistern Friederike und Christiane, fünf und sieben Jahre alt, nach Amerika auswanderte, wo der Bruder von Juliane, David Wilhelm Schube - ausgewandert 1866 - bereits in San Antonio in Texas lebte. Katharina Schube, eine Schwester von Juliane, folgte einige Jahre später ihren Geschwistern nach Texas.

Heimat

Es waren kalte, sonnenlose Novembertage des Jahres 1870. Schwer lasteten Schneewolken am Himmel. Ein schneidend kalter Wind ließ vereinzelte Flocken wirbeln und fegte sie auf dem trockenen Boden fein säuberlich zu kleinen Wehen zusammen. Geschäftig strebten die Menschen ihren Behausungen zu, mit Wagen und Gespannen, oder auch mit Schubkarren, auf denen Fässer und Säcke geladen waren. Emsiges Treiben herrschte auf den mit feinem Schotter eingeebneten Wegen; bald würde es Schnee geben und das Transportieren schwierig gestalten. Letzte Vorsorge mußte getroffen werden für den Winter, Obst gemostet, Holz und Kohlen heimgefahren werden.

In den Häusern waren fleißige Hände dabei, die Kartoffeln und Rüben im Keller einzulagern, das Obst auf die Hurden zu verteilen und die Fässer mit dem kostbaren Most zu füllen. Der *"Neue"* schaffte bereits im Faß und verbreitete einen gärenden Geruch.

Die Krautschneiderin war dagewesen und hatte einen ganzen Korb voll Krautköpfe, spitzige und runde, eingehobelt; gemeinsam hatte man es in die tönerne Krautstande geschichtet, die einzelnen Schichten sorgfältig mit Salz bestreut und fest eingestampft. Obenauf kam ein sauberer Leinenlappen und passende Holzbretter, auf die dann ein schwerer Stein zum Beschweren gelegt wurde.

Es war ein gutes Krautjahr gewesen, und auch die Kartoffeln waren gut geraten. Wenn dann noch irgendwann das herausgefütterte Schwein sein Leben lassen mußte zum Erhalt der Menschen, so würde man wohlauf und ohne Not durch den Winter kommen.

Auch die Weinernte war einigermaßen ausgefallen, obwohl man nur einen Zweidrittelherbst hatte einbringen können. Zuletzt hatte man noch die Traubentrester zu der Obstmaische gegeben, es noch ein paar Tage *"schaffen"* lassen, ehe man es preßte. Das ergab ein gutes Hausgetränk, einen *"Sonntagsmost"*, von dem man aber auch am Werktag nach Feierabend sein Krügle füllen konnte.

In den Scheunen warteten Weizen, Gerste, Roggen und Hafer auf das Dreschen. Im tiefen Winter, wenn draußen die Flur bedeckt war

mit Eis und Schnee, würde man das Getreide auf dem Scheunen-
boden ausbreiten, die Nachbarn würden mit den Dreschflegeln kommen - man half sich gegenseitig aus im Ort - und sie würden mit ihrem wohleingesetzten klipp-klapp das letzte Körnchen aus den Ähren
dreschen. Nichts war umgekommen auf den Feldern: Die Ährenleser
- was oft Kinder waren - waren nach den Erntewagen gekommen,
und den Rest hatten die Mäuslein eingebracht. Jeder hatte sein Teil
erhalten.

In kargen Jahren gab das ausgedroschene Stroh zusammen mit dem
Heu das Winterfutter für das Vieh, auch wenn dieses es nicht begreifen wollte und zäh wiederkäute. Das Roggenstroh fand im Weinberg
Verwendung zum Binden der Reben und wurde sorgfältig zu Schai-
ble gebunden; ebenso würden es die feinen Weiden der Weiden-
büsche tun, während die gröberen zum Binden der Reisigbüscheln
und dergleichen oder zu geflochtenen Körben Verwendung fanden.
So war das eben, man mußte mit dem vorlieb nehmen, was gewachsen war, und nichts durfte umkommen. Alles hatte seine Ordnung.

Viele Neuerungen schienen die Welt aus ihrer althergebrachten
Ordnung zu bringen. Jedoch war das Leben immer noch sehr karg,
besonders in den Dörfern, wo ganze Familien nur von der bescheidenen Landwirtschaft lebten, die sich in viele Kinder und Erben dann
aufteilte, und die oft nicht mehr den Lebensunterhalt für die wiederum kinderreichen Familien bot. Industrialisierung war im Kommen,
andere Möglichkeiten des Broterwerbs mußten gesucht werden.

In den Auslagen der Geschäfte herrschte der Alltag vor. Nicht sehr
viel war hier vom Krieg gegen Frankreich zu spüren. Gebrauchsgegenstände, Töpfe und Teller, irdenes Geschirr und wertvolles Porzellan, einfaches Nickelbesteck und kostbares Silber, Arbeitskleidung
und elegantes Dunkles, - der Unterschied in den Käuferschichten war
sichtbar abgegrenzt und hatte seinen festen Platz in der Gesellschaft.
Aber auch Aufbegehren gegen Unterdrückung und Beschränkung
war unterschwellig und kroch durch das scheinbare Gleichmaß der
Tage.

Im Juli hatte der Krieg gegen Frankreich angefangen. Man redete von Kämpfen und Siegen der deutschen Soldaten, und man hegte berechtigte Hoffnung auf ein baldiges Ende. Dann würde alles anders werden, alles würde besser sein.

Ackergeräte wie Egge und Pflug hatten ihre Jahresarbeit geleistet und standen nun beim Schmied vor dem Tor zur Winterpflege und Wiederherrichtung fürs nächste Frühjahr. Öfters trafen sich die Bauern hier, um ihre Ackergäule neu beschlagen zu lassen, oder Kummet und Halfter und Geschirr zum Erneuern zu bringen.

Im Weinberg waren die Pfähle herausgezogen und in die Pfahlstatt geschichtet worden. Das Laub an den Rebstöcken war fast gefallen; noch ein paar Frostnächte, und der Wengert konnte gedrochen, die Rebstöcke zur Winterruhe an den Boden flachgelegt werden, wo sie mit Steinen oder Erde beschwert wurden.

Kahl standen Apfel- und Birnbäume in den Wiesen und Hängen. Hie und da hingen noch einzelne Früchte im Schattenspiel der Äste und warteten auf den Windstoß, der sie unerbittlich zu Fall bringen würde.

Öfters schon war der Fuhrunternehmer mit Pferd und Wagen zur Bahnstation gefahren, um dort die mit Sackrupfen bedeckten und zugenähten Obstkörbe und die prallen Kartoffelsäcke für die Verwandten in der Stadt aufzugeben, den Wintervorrat weiterzubefördern.

Zuvor aber waren Tante und Onkel mit Familie dagewesen und hatten geholfen beim Herbsten. Im Wengert hatte man kräftig zusammenhelfen müssen, weil das Wetter nicht so recht mittun wollte, und die Trauben angefangen hatten zu faulen. Trotzdem war es wie immer ein Ereignis gewesen, besonders für die Kinder, die extra Herbstferien bekamen. Am frühen Morgen zogen die Gespanne mit Zuber und Bütten hinaus, durch die ausgefahrenen Hohlwege holpernd; die im Zuber hockenden Kinder machten daraus dann eine Mutprobe, wenn es gar zu arg rumpelte und den Karren umzuschmeißen drohte.

Draußen aber brauchte man jede Hand, auch die kleinen Hände. Und sie wußten genau, daß sauber und ordentlich gelesen werden mußte, wenn auch der Schabernack mit Fröschen und Schwärmern unter manchem Rock sein Unwesen trieb. Aber das war erlaubt, das gehörte nun mal zum Herbsten, wie das Rebenbüschele und das Feuerle und der Luggeleskäs' oder Backsteinkäs' und das frischgebackene Brot, das Sutterkrügle mit dem Letztjährigen; selten nur brutzelte eine rote Wurst am Feuer. Nachher war Zeit zum Hüpfen und Springen in den Wengertstäffele und Wengertmäuerle, während die Alten noch ein geruhsames Schwätzle nach dem Vesper machten. Der Buttenträger zählte seine Kerben im Pfahl, der ihm beim Buttentragen als Stütze diente, oft von weit oben herunter; die Gänge waren ihm nie zuviel. Jedesmal, wenn er den vollen Butten in den Zuber gekippt hatte, ritzte er mit einem scharfen Messer eine Kerbe in den Pfahl; die Buchführung mußte stimmen, und die Stärkung aus dem Krügle natürlich auch. Am Abend freute man sich, wenn die Trauben oben im Zuber rausguckten. Die Kinder trugen ihre Flambos beim Heimgehen und sangen dazu. Es war halt ein Fest, das Herbsten.

Vor fast jedem Haus im Ort standen Bütten mit der gärenden Maische. Hier und dort fanden sich wohlgekleidete Herren mit Notizblock und Bleistift, eifrig den Neuen kostend und begutachtend. Der Unterkäufer war mit einem Kunden aus der Stadt gekommen, um den neuen Wein zu probieren. Befand er ihn für brauchbar, wurde man schnell handelseinig. Aber es kam vor, daß zuviel oder zu wenig oder allzu Geringes gewachsen war, und manchmal blieben die Bütten voll, und der Inhalt verdarb, oder es langte nicht. Man mußte es nehmen, wie es kam, die Natur ließ sich nicht dreinreden. War es ein gutes Jahr gewesen, so konnte man aufatmen, war es aber ein schlechtes Jahr gewesen, so mußte der Pfennig dreimal herumgedreht werden, und der Wengerter hatte umsonst gearbeitet.

Im Ort herrschte bäuerliches Treiben. Fuhrwerke holperten durch die Tore an der Stadtmauer vorbei in die nur teils gepflasterten Höfe, mit zügigem *"hiescht"* und *"hot"* in die richtige Bahn gelenkt. Eine gackernde Hühnerschar stob kreischend auseinander, um sich aber sofort wieder auf ihren Futterboden zurückzubegeben, wenn der Bauer *"oha"* rief und das Fuhrwerk zum Stillstand kam.

Rasch wurde abgeladen, um noch einmal hinausfahren zu können und den Rest einzubringen. Rüben polterten durchs Rüstloch in den Keller, Kartoffelsäcke wurden geschultert und die steile Stiege zum Keller hinuntergetragen. Unten wuchs der Haufen beruhigend an.

Am oberen Tor hatte es ein Unglück gegeben. Ein mit Rüben vollbeladener Ackerwagen war unter der Last seiner Fracht zusammengebrochen und hatte das Zugtier, eine Nutz- und Schaffkuh, mit zu Boden gerissen. Verletzt hing das Tier im Halfter und muhte jämmerlich. Helfende Hände waren bemüht, das Tier zu befreien und den Wagen wieder aufzurichten. Die ungeteerten Straßen und Gassen und dunklen Winkel mit den ausgefahrenen Laisen machten das Kutschieren jedesmal zu einer Geschicklichkeitstour, besonders bei Regenwetter.

Vom Gänsgarten her watschelte ein Tröpple Gänse dem heimatlichen Stall zu, angeführt vom Gansger, der seine weiße Schar vor jedem Angriff oder Zunahekommen zischend verteidigte. Niemand machte ihm aber inmitten der Straße die Vorfahrt streitig. Die Straßen und Gassen gehörten dem Federvieh ebenso wie den Arbeitstieren und den Menschen. Am Morgen hatte der Gänsehirt das Gänsevolk zum Gänsgarten begleitet, wo es wohlverwahrt den Tag verbrachte. Den Heimweg fand es dann allein zum Haus, wo Mensch und Tier oft unter einem Dach hausten. Vertraute abendliche Geräusche, das Klappern des Melkgeschirrs und die Laute der auf ihr Futter wartenden Tiere untermalten das ländliche Tun und Treiben.

An den verschiedenen Brunnen im Ort bemühten sich emsige Hände, das Wasser heraufzuziehen und in die bereitgestellten Gefäße zu füllen. Daheim würde man den Wasservorrat in die verschiedenen Behälter verteilen, froh darüber, daß die Arbeit des Wassertragens wieder beendet war. Draußen in den Straßen flammten die Gaslaternen auf und warfen ein fahles Licht in die Dämmerung. Es würde rasch dunkel werden. Der Wind hob sich, und dichter werdende Flocken wirbelten gegen die Fensterscheiben.

Der Brief

Der Briefträger schwenkte den Brief schon von weitem.

Juliane sah den Post-Heinrich, als er in die Gasse einbog, und sie blieb stehen. Gerade war sie im Begriff, ihren Leuten das Essen auf die Baustelle im Nachbarort hinauszutragen; Friedrich und der Onkel würden warten, und sie war ohnehin schon spät daran.

Etwas ungehalten stellte sie das Essentraghäfele auf die Hausstaffel und streckte die Hand aus, um das Schreiben in Empfang zu nehmen. *"Ein Brief von Deinem Bruder David!"* meinte der Post-Heinrich wichtig. Der Brief trug fremdländische Marken, er kam von Übersee, das sah man schon auf den ersten Blick. Gerichtet an die Familie Friedrich und Juliane Zacher.

"Von Deinem Bruder! Hast doch lange nichts gehört von ihm..." Man kannte einander im Ort, und man wußte, wer ausgezogen war, um in der Ferne sein Glück zu suchen. Und Juliane hatte dem Heinrich oft erzählt, wie sehr sie auf eine Nachricht von dem Bruder wartete, der mit seiner Familie bereits vor vier Jahren ausgewandert war. Das letzte Schreiben war vor gut einem Jahr gekommen, und sie hatten sich alle große Sorgen gemacht.

Juliane nahm den Brief in Empfang. Sie war sich nicht schlüssig, ob sie ihn jetzt gleich, hier vor den Augen von Heinrich, der neugierig ihr Tun verfolgte, öffnen oder ihrer dringenden Pflicht des Essentragens nachkommen sollte. Ein Brief von David! Die Erinnerung an sein Fortgehen, das Hin- und Hergerissensein von Heimatverbundenheit und Existenzsuche drängte plötzlich in ihr hoch und ließ sie erschauern. Vielleicht enthielt dieser Brief auch ungute Nachrichten, oder gar Schlimmeres. Von außen zeigte der Umschlag nichts an, weder Gutes noch Schlechtes. 1866, - es war das Jahr gewesen, in dem der Vater starb und kurz darauf David mit seiner Familie ausgezogen war, um im Land der unbegrenzten Möglichkeiten über dem großen Teich sein Glück zu suchen.

Einer unbestimmten Ahnung folgend legte Juliane den Brief auf die Haustreppe, schloß die Haustüre und nahm das Eßgeschirr wieder auf. Ob Gutes oder Schlechtes - es konnte warten bis zum Abend, bis ihr Mann da sein würde und sie nicht allein war, es zu erfahren.

Enttäuscht beobachtete der Post-Heinrich Julianes Tun. Er hätte gar zu gerne gewußt, was der David, sein Schulkamerad, geschrieben hatte. *"Danke! - Bis morgen dann..."* sagte Juliane, zog das Umschlagtuch über die Schultern und beeilte sich, mit ihrer dampfenden Suppe wegzukommen. Heinrich zuckte die Schultern. Da konnte man nichts machen, und morgen war auch noch ein Tag.

Die Reste der Stadtmauer waren umwuchert mit Efeu, unter den verfallenden Steinen bröckelte der Mörtel. Außerhalb der Stadtmauer, die einst schützend den Ort umschlossen hatte, waren ganze Straßenzüge entstanden, und immer weiter wurde gebaut. Seit Generationen betrieb die Familie das Baugeschäft im Ort, und Juliane kannte jedes Haus in der Straße. Sie war hiergewesen, als die Baugruben ausgehoben und die Mauern hochgezogen wurden, hatte oft Steine und Mörtel geschleppt. Immer hatte der Vater gehofft, der einzige Sohn David würde das Geschäft übernehmen und weiterführen. Aber den David hatte es fortgezogen aus den engen Mauern, und es war kein Halten gewesen. Der Bruder ihres Vaters, Julianes Onkel, der ja auch Söhne und Töchter hatte, war es jetzt, der das Sagen hatte. Juliane hatte Friedrich Zacher geheiratet, der ein Schuhmacher und Sattler war. Schuhmacher aber gab es bereits genügend am Ort, und so hatte Friedrich letztlich auch sein Brot auf dem Bau gefunden.

Juliane ließ die Stadtmauer und die äußeren Häuser hinter sich. Heute waren die Männer im Nachbarort beschäftigt. Der Tag war kurz, es wurde früh nacht, also blieb keine Zeit, über Mittag heimzukommen zum Essen. *"Da bist Du ja endlich!"* rief der Onkel und winkte Friedrich. Juliane breitete ein sauberes Tuch auf einer der neuen Mauern aus und richtete das Essen für die Männer. *"Ist etwas?"* fragte ihr Mann und sah sie prüfend an. Juliane konnte kaum verbergen, daß ihr der Brief im Kopf rumschwirrte, aber sie hatte sich vorgenommen, mit den Neuigkeiten bis zum Abend zu warten. *"Nein, nein..."* Es klang nicht sehr überzeugend.

Während die Männer aßen, sah sich Juliane im werdenden Haus um. Fast alle sahen sie gleich aus: eine Wohnstube, eine Schlafstube, und vielleicht zwei Kammern und eine Küche; oben ein Bühnenraum und noch eine Kammer; im Erdgeschoß oder daneben Stallungen und

Scheune, und darunter der gewölbte Keller; der Abort hing wie ein Starenkasten an der seitlichen Hauswand. Fachmännisch besah sich Juliane das neue Werk und vergaß für einen Moment ihre Verwirrung um den Brief. Dann sammelte sie rasch das Geschirr zusammen und machte sich auf den Heimweg, während die Männer wieder an die Arbeit gingen.

Die drei Kinder drückten sich die Näschen an der Fensterscheibe blank und schauten nach der Mutter aus. Juliane hatte die knapp zweijährige Marie und die vierjährige Christiane in der Obhut der ältesten Tochter Friederike gelassen. Die siebenjährige Friederike nahm diese Aufgabe sehr wichtig und war ihrer Mutter eine rechte Stütze. Im Frühjahr war Friederike zur Schule gekommen, was schon einen großen Schritt zum Erwachsenwerden bedeutete. Inzwischen hatte die Große den Tisch gedeckt für das bescheidene Mahl, das auf dem Feuerherd für Juliane und die Kinder warmgehalten wurde.

Juliane nahm den Brief mit hinauf, legte ihn gedankenschwer auf das dunkel polierte Eichenbüfett, und wandte sich ihren Kindern zu: *"Kommt, wir wollen essen!"* Sie holte den Topf mit dem Gemüseeintopf, setzte sich und nahm die kleine Marie auf den Schoß. *"Komm, Herr Jesu, sei unser Gast und segne alles, was Du uns bescheret hast..."*

Polternd entledigte sich Friedrich seiner Stiefel. *"Das war ein schwerer Tag heute!"* seufzte er, rieb sich die schmerzenden Füße und hielt sie nahe an den wärmenden Herd. *"Aus jedem Eck zieht's in so einem Neubau, als pfiffe der Teufel einem die Seele aus dem Leib!"* Friedrich zog sein rotgepunktetes Sacktuch aus der Hosentasche und schneuzte sich lautstark. *"Wenn man sich da nur nicht noch den Tod holt..."*

Juliane schwieg bedrückt. Es war immer das Gleiche. Sie wußte, ihr Mann liebte den Bau nicht, und oft gab es Ärger deswegen. Ihres Mannes Kenntnisse und Fähigkeiten lagen auf anderem Gebiet: Schuhe machen und alles, was mit Leder zusammenhing, da konnte er bestehen, da konnte er beweisen, was in ihm steckte!

In Fellbach hatte Friedrichs Elternhaus gestanden. Bei einem gestrengen Meister war er in die Lehre gegangen. *"Wirst Deinen*

Weg machen, Friedrich!" Das hatte ihm sein Meister mit auf die Wanderschaft gegeben. Die Frau Meisterin, das war eine ganz Bhäbe gewesen. *"Man schneid't sich nur einmal Brot!"* hatte sie immer gesagt beim Vespern, wenn der Laib herumgereicht wurde; und keiner der Gesellen, die doch Kost und Logis im Haus hatten, hatte sich je getraut, ein zweitesmal hinzulangen, obwohl keiner satt war. Auch beim Mittagessen ging es recht bescheiden zu, und oft waren sie hungrig vom Tisch aufgestanden.

Dann war Friedrich auf Wanderschaft gegangen, hatte viele Meister und Gesellen kennengelernt, und überall war er gelobt worden ob seinem Fleiß und seiner Tüchtigkeit. Das waren Jahre des Lernens gewesen, und auch Jahre des Darbens und der Entbehrungen. Aber missen mochte er diese Zeit bestimmt nicht!

Hier im kleinen Ort war er schließlich hängengeblieben. Die Liebe hatte ihn festgehalten, und er war dageblieben und seßhaft geworden. Nur eben - sein Metier, sein Beruf, war schon genug vertreten, und so war es dann eben gekommen mit der Arbeit auf dem Bau. Aber abfinden würde er sich nie damit.

Im Haus des Schwiegervaters in der kleinen Gasse hatten sie eine Bleibe gefunden und ihren Hausstand eingerichtet. Die Familie von Juliane hatte im Ort einen angesehenen Ruf, und auch Friedrich sah man bald gerne da und dort, wo es etwas zu bereden und zu beraten gab.

Friedrich Daniel Zacher war von stattlichem Wuchs und kräftig gebaut. Sein volles blondes Haar stand in krassem Gegensatz zu den buschigen braunen Augenbrauen und dem markanten Schnurrbart, während seine tiefblauen Augen Sinnlichkeit und Träume verrieten. Seine Hände und Füße waren eher groß, entbehrten aber nicht einer schlanken, fast graziösen Ader; er konnte das, was er sagte, mit unnachahmlichen Gesten unterstreichen. Was er sagte, hatte Hand und Fuß, und immer konnte man sich auf ihn verlassen. Er hatte eine Art zu reden, die ihn überall beliebt machte.

Seine Familie liebte Friedrich über alles. Drei Töchter hatte ihm seine Frau Juliane geschenkt, und dann hatten sie ein Knäblein und gleichzeitig noch eine Tochter bekommen; über das

Zwillingspärchen hatten sie sich unbändig gefreut, aber sie hatten es nicht behalten dürfen, zu schwach waren die flackernden Lebenslichtlein gewesen. Um so mehr hing Friedrich an den drei Töchtern, die ihrerseits den Vater herzlich liebten.

Juliane Caroline geborene Schube war mittelgroß, hatte dunkles welliges Haar, das sich im Nacken unter dem geflochtenen Knoten zierlich kräuselte. Ihre Augen waren braungrün wie ein Bergsee und konnten tiefgründig blicken. Sie war ebenfalls kräftig gebaut und neigte nach den Kindern etwas zur Fülle.

Von kleinauf war sie an harte Arbeit gewohnt, hatte sie doch schon mit sieben Jahren keine Mutter mehr gehabt. Der Vater und der ältere Bruder hatten sie fest in die Pflicht genommen, und da waren die jüngeren Geschwister, die mit zu versorgen waren. Der elterliche Haushalt wurde ihr zur Pflicht, und es war selbstverständlich, daß sie den Vater versorgte bis an sein Lebensende. Achtundachtzig Jahre alt war der Vater geworden.

Die siebenjährige Friederike erinnerte sich vage an den Großvater, wie er im Ohrensessel gesessen und sie immer so sonderbar entfernt angesehen hatte, mit dem schütteren Lockenkranz ums graue Haupt. Keinen rechten Batsch hatte er ihr mehr geben können, immer hatte er ihre kleine Hand gleich wieder losgelassen.

An Julianes Wiege war es bestimmt nicht gesungen worden, daß sie einstmals in ferne Lande auswandern und dort reichlich Wurzeln schlagen sollte. Juliane war eher ein häuslicher, heimatverbundener Typ. Ein Leben im kleinen Ort mit bescheidenem, bürgerlichen Wohlstand hätte ihren Wünschen vollauf genügt, aber dann war Friedrich in ihr Leben getreten, die Kinder waren gekommen, das Haus in der engen Gasse klein geworden. Und sie sah wohl, daß Friedrich litt unter dem ihm aufgezwungenen Joch, daß er nur ihr zuliebe die Arbeit auf dem Bau tat, daß er darüber nachsann, wie er alles ändern könnte.

Und jetzt war da dieser Brief. Juliane wußte auf einmal, daß dieser Brief ihrer aller Leben ändern würde.

Bedrängnis

"Meine Lieben daheim!

Das lange Aufschieben dieses Briefes möge entschuldigt werden, indem es besondere Gründe hatte. Mein Sinn war noch nicht fest gefaßt; ich reiste von Land zu Land, von den warmen in die kalten Gegenden, um mir einen Platz für meine Heimat zu suchen. Aber ich gestehe frei, daß ich noch keinen Platz gefunden habe, der mit der deutschen Heimat übereinstimmt. Da aber in Deutschland die mageren Zeiten immer noch überhand nehmen, will ich meine Gedanken, wieder nach Deutschland zu gehen, ganz beiseite legen und mir eine neue Heimat hier erkaufen. Man kann hier Land kaufen von eineinviertel Dollar bis zu einhundertfünfzig Dollar den Morgen... Die Lieben alle sind wohlauf. Ich habe sie an einem kleinen Ort bei mit uns herübergereisten Freunden gelassen..."

Es folgten Ausführungen über die beschwerlichen Reisen auf der Suche nach einer neuen Heimat; das Bemühen, die Unsicherheit und das Heimweh nicht durchscheinen zu lassen, sprach aus jedem Satz.

Juliane und Friedrich sahen einander an: *"Land, soweit das Auge reicht!"* Auch das hatte in dem Brief gestanden. Und das war es, was Friedrichs Ohren zum Klingeln brachte.

Jeden Sonntag durften die beiden Großen mit zur Kirche. Ganz vorne in der seitlichen Bank hatten die Eltern den von den Großeltern her angestammten Platz. Von dort sah man geradeaus hoch zum Herrn Pfarrer und der schön geschnitzten Kanzel mit den vielen Rosetten, die immer so geheimnisvoll schimmerten. Die Engelein darüber schienen mit ihren Pauken und Flöten einen wundersamen Gesang zu verbreiten. Die Sonnenstrahlen schwebten geradewegs auf den Lieben Heiland am Kreuz zu und fingen sich in den bunten Glasscheiben der Kirchenfenster.

Fasziniert schaute Friederike den tanzenden Lichtern zu und konnte sich nicht lösen davon. Ihre Schwester Christiane sah mit träumerischen Augen hinüber zum Hochaltar. Gleich würde dort der Herr Jesus hervortreten mit dem Hirtenstab und die Jünger um sich versammeln. Der Herr Pfarrer hatte doch gerade gesagt, man müsse sich wehren; wo und warum, war Friederike entgangen.

"Amen" hörten die Kinder plötzlich im Gemurmel. Die Mutter nahm sie an der Hand, und sie gingen hinaus auf den Kirchplatz. Die Mutter trug die schwarzbestickte Sonntagshaube, die die Kinder so liebten. *"Kriegst auch so eine, wenn Du groß bist..."* Dann brauchte die Mutter nicht mehr die widerspenstigen Locken mit Schweineschmalz glattstreichen und in den braunen Zopf flechten. Friederike fand das gar nicht lustig, sie hätte so gerne die Haare lose getragen wie die gute Fee in ihrem Märchenbuch.

Heute schien alles anders als sonst. Trotz ihrer langen Röcke und dem wollenen Umhang fröstelten die Kinder. Der Vater in seinem steifen Gehrock und dem hohen Hut wirkte sehr ernst, wo er doch so herzlich lachen konnte. Die Eltern schienen es heute nicht eilig zu haben. Friederike guckte hoch zu den blankgeputzten Fensterscheiben der Giebelhäuser. Seltsame Gebilde spiegelten sich dahinter, wie Zauberwesen, die ihre Schatten ineinander verwoben. Sie malte sich aus, wenn die Zauberfee sich plötzlich herauslösen und sie hinwegheben würde in ein fernes Märchenland, oder vielleicht auch bloß in die warme Stube daheim.

Es mußte etwas Wichtiges sein, was die Eltern da zu bereden hatten. Unablässig redeten Männer auf den Vater ein, der immer wieder nickte, während die Mutter ein sorgenvolles Gesicht machte und immer wieder den Kopf schüttelte. Dann zog sie Friederike und Christiane an den Händen herbei und rief: *"Und meine Kinder, sie sind doch noch so klein!"* Friederike hatte die Mutter noch selten so gesehen, mit roten Flecken auf den Wangen und aufgeregt fuchtelnden Händen. Schützend legte sie die Arme um die zwei Mädchen. Schweigen breitete sich aus, die Umstehenden schauten hilflos auf die Kinder. Dann waren sie nach Hause gegangen mit der Mutter.

Rasch schlüpften die Mädchen in ihre Hausschuhe, streiften die Schürzen über und beeilten sich, der Mutter in der Küche zu helfen. So klein sie auch waren, jedes der Kinder hatte seine Pflichten im Haushalt. Der Vater war mit dem Nachbar ein Stück zurückgeblieben. Jetzt waren auch sie am Haus. *"Es ist unsere große Chance"*, sagte Friedrich, und der Nachbar nickte zögernd. *"Auch meine Chance, was hab' ich denn hier zu erwarten, immerzu Häuser bauen für andere, hab' doch was anderes gelernt, und dort brauchen sie bestimmt Leute, die gutes Schuhwerk machen!"* Friedrich redete laut, wie um sich selbst Mut zu machen und zu beweisen, daß es gar keinen anderen Weg gab.

Gedankenverloren folgte er seiner Familie, stieg schweren Schrittes die sonntäglich glänzende Stiege hinauf. Vom Ernfenster (Ern = Hausflur) her wanderte ein blasser Lichtstrahl zum Treppengeländer. Es roch nach Bohnerwachs und Schmierseife, worin sich Bratenduft mischte.

Hinter Friedrich öffnete sich die Haustüre und die Nachbarin erschien im Türrahmen, die kleine Marie, die sie den Kirchgang über betreut hatte, auf dem Arm; sie kam die Treppe hoch mit dem Kind. *Ihr Johann habe gesagt, jetzt werde es ernst, und man müsse sich umtun. Aber sie könnten da nicht mitmachen, und überhaupt...* Abwehrend faltete sie ihre Hände über dem Leib, der sich unter der gestreiften Schürze mit dem breiten Volant vielversprechend wölbte.

Vom Nachbarhaus ertönte lautes Kindergeschrei. *"Wenn das bloß gut geht!"* Sie übergab Friedrich die kleine Marie, tätschelte ihr die Wangen und beeilte sich, hinüber in ihre Küche zu kommen.

Die Kleine krähte fröhlich und ließ sich von Friedrich brav ins Ställchen in der Wohnstube setzen. Marie griff nach der alten Stoffpuppe, der bereits eine Hand und ein Fuß und ebenso auch die Nasenspitze fehlten. *"Ach Kind"*, seufzte Friedrich, *"hab' Dir doch versprochen, die Puppe zu flicken!"* Mit einem plötzlichen Impuls nahm er das Kind nochmals aus dem Ställchen und schwang es hoch über seinen Kopf: *"Wirst schon sehen, Kind, viele Puppen kriegst Du, und Pferd und Wagen dazu, wirst schon sehen, alles kriegst Du..."*

Nun saßen sie alle in der Wohnstube um den großen Eßtisch. *"Vater, segne diese Speise..."* Abwechselnd sprachen die Kinder das Tischgebet. Bevor das Tischgebet nicht gesprochen war, durfte der Löffel nicht angerührt werden.

Heute jedoch schien alles anders. Es war doch Sonntag, und da war immer alles ruhig, so feierlich, eben anders als am Werktag, wenn der Vater nur kurz oder überhaupt nicht zum Mittagessen heimkam.

Etwas lag in der Luft heute, das nicht zur Sonntagsruhe paßte, das spürten die Kinder deutlich.

Der Vater schöpfte jedem einen Schöpfer Suppe in den Teller, und folgsam begannen die Kinder zu essen. Auch der Vater nahm einen Löffel Suppe, verschluckte sich und mußte husten. *"Die Suppe ist zu heiß,"* sagte er und ließ den Löffel sinken. *"So wird's werden, zu heiß..."* Er ließ den Satz offen, und die Kinder guckten verwundert: *"Beim Essen spricht man nicht!"* Der Vater selbst sagte doch das immer, und Gehorsam war oberstes Gebot in allen Dingen. Es war gleichbedeutend mit alles essen, was auf den Tisch kam, und ebenso den Teller leer essen. Es konnte Schläge und andere Strafen absetzen, wenn man nicht gehorchte. Heute aber schien der Vater nicht bei der Sache zu sein, und auch die Mutter schien ihre Gedanken woanders zu haben, denn sie legte Friederike ein großes Stück Braten auf den Teller, wo die Kinder doch sonst nur ein kleines Scheibchen abbekamen. Die Mutter schien es nicht zu merken, sie säbelte an ihrem Fleisch herum, häufte sich dann den Teller voll mit Spätzle und Kartoffelsalat und ertränkte dann alles in der Soße. Nein, so kannten die Kinder ihre Eltern nicht!

Die kleine Marie streckte verlangend die Ärmchen aus. Juliane hob das Kind hoch, setzte es auf ihren Schoß und begann es zu füttern. *"Und wann?"* sagte sie plötzlich, *"und wann? Es ist doch Winter..."* Der Vater hatte gar nicht richtig zugehört. *"Alles wird anders sein, alles! Der David hat geschrieben, man könne dort Land kaufen, gutes Land, für ganz wenig Geld, Land, soweit das Auge reicht..."* Im gußeisernen Ofen mit den kunstvollen Verzierungen und Figuren, in die die Kinder ihre Träume von Märchenprinzen und Prinzessinnen hineinwoben, knisterten die Holzscheite und spien funkensprühende Wärme; hinter den nach beiden Seiten zu öffnenden Ofentüren verbreitete ein Wassertopf mit siedendem Wasser heimelige Geräusche.

"Wenn Du gegessen hast und satt bist, sollst Du den Herrn, Deinen Gott, loben!" Die zarte Stimme seiner ältesten Tochter riß Friedrich aus seinen Gedankengängen. Keiner durfte den Tisch verlassen, bevor nicht Dank gesagt war.

Friedrich liebte seine Familie sehr, obwohl er sehr streng war und auf unbedingten Gehorsam pochte. Da gab es kein Schummeln, keine Ausreden, keine noch so kleinen Lügen. Unbedingter Gehorsam war ihm anerzogen worden, und so gab er es weiter. Das kleinste verräterische Flackern in den Augen entging nicht seinem prüfenden Blick, die kleinste Unwahrheit war nicht vor ihm zu verbergen. Solche Sünden pflegte er sofort zu ahnden, und zwar mit der Hand, die nachher den schmalen Kinderpopo rötlich zierte. Er spürte wohl bei solchen Züchtigungen das Aufbegehren der Kinder, die tiefe Verletzung der kleinen Seelen, was die Kinder ihn dann tagelang mit stummem Trotz spüren ließen, Anklage im kindlichen, nicht begreifenden Blick. Aber Friedrich kannte nur diesen Weg. *"Ab und zu müssen die Kinder die starke Hand zu spüren bekommen..."* So war es immer gewesen, und so war es richtig. Friederike und Christiane dachten später oft daran, als sie selber Kinder hatten und sich die Prozedur, vielleicht in gelockerten Maßstäben, wiederholte. Irgendwo hatte diese Erziehung schon seine Richtigkeit. Alle wurden sie ehrliche, brave Menschen, die der Lüge aus dem Weg gingen und der Wahrheit standhielten. (Es ist etwas Sonderbares um die Wahrheit und der Menschen Gewissen. Da ist der Punkt, der sofort aufmuckt und in die Augen weitergibt, was nicht stimmt. Heutzutage ist man geneigt, alles abzutun und mit Relikten aus der Kindheit zu entschuldigen, was nicht bewältigt wird.)

Die beiden Großen standen auf, um der Mutter den Tisch helfen abzuräumen. Sie trugen alles in die Küche zum Spülstein. Im Schiff hinten im Herd suddelte das Wasser. Juliane schöpfte daraus heißes Wasser in die Spülwanne, gab etwas Soda dazu und begann, das Geschirr abzuwaschen.

"Rasch, füll' noch die Bettflasche!" wies sie ihre älteste Tochter an und holte den Topf mit dem siedenden Wasser vom Ofen in der Stube. Friederike füllte es vorsichtig durch den Trichter in die bauchige, kupferne Bettflasche, schraubte diese zu und schob sie in eines der Betten. Den Wassertopf füllte sie gleich wieder nach aus der großen Wasserkanne, die das Brauchwasser für den Tag barg. Bei großer Wäsche oder auch an den samstäglichen Badetagen mußte öfters Wasser vom Brunnen getragen werden. Im Kandel konnte man

dann ablesen, was an den jeweiligen Tagen in den Häusern geschafft wurde, oder auch, was es zu Mittag gegeben hatte.

Geschirrabtrocknen gehörte zu den täglichen Pflichten der Kinder. Friederike und Christiane trockneten sorgfältig das Geschirr und das Besteck ab; letzteres legten sie fein säuberlich in den Besteckkasten in der Schublade, während die Mutter die Teller und Schüsseln im Bord über dem Küchentisch ordnete. Zum Schluß rieb sie noch Tisch und Spülstein sauber und leerte das schmutzige Wasser aus. Die Spülwanne stülpte sie über die Töpfe im Schüsselbrett vor dem Fenster. Dort standen zur Auslüftung und der Frischhaltung wegen leere und volle Milchhäfen, irdene braune oder glänzend graue aus Steingut, mit blauen Mustern bemalt. Die Kinder betrachteten oft die Muster. Sie fanden es lustig, wenn die Töpfe schön ausgerichtet auf dem Schüsselbord standen. Der Tisch, ein Hocker, ein Waschkessel in der Ecke und ein Küchenbuffett mit porzellanen Schütten vervollständigten die Kücheneinrichtung.

Nachdenklich hörte Juliane dem Gurgeln zu, wie unten das Abwasser aus der Rinne lief. Wie würde alles werden? Aber noch war nichts entschieden, noch waren sie daheim. *"Wo ist es heiß, Mama?"* wollte Friederike wissen, und Christiane hakte rasch ein: *"Wo ist das, wo es so warm ist?"* *"Ach Kinder"*, gab Juliane ausweichend zur Antwort, *"ach Kinder, das weiß ich auch nicht..."*

Friedrich hatte drinnen in der Stube seine jüngste Tochter wieder auf den Arm genommen. Er ging mit ihr zum Fenster und schaute hinaus. Aber da war nichts als die graubraune Giebelseite des Nachbarhauses, an der Regenschlieren hinunterzogen zur Gasse. Friedrich spähte vor zur Straße, wo die Häuserfronten grade ein Dreieck von dem grauen, milchigen Himmel freiließen. Die Dezembersonne hatte für kurze Zeit Gewalt über die Wolken bekommen und schimmerte in der Öffnung, so daß es aussah, als wäre dieses Stück Himmel ein goldumrandetes Tor. *"Mein Stück Himmel! Mein Tor zur goldenen Freiheit!"* schoß es Friedrich durch den Sinn. Plötzlich waren alle zaghaften Gedanken wie weggewischt. *"Wirst schon sehen, Kind, wirst schon sehen..."*

Der Sonntagnachmittag gehörte dem Spaziergang. Nichts und niemand, höchstens Sturm und Hagel oder eine Feuersbrunst hätten den sonntäglichen Spaziergang, an dessen Ende immer ein Besuch bei den Verwandten stand, verhindern können.

Mann und Kinder warteten schon, und Juliane beeilte sich, die kleine Marie in das selbstgestrickte Jäckchen zu hüllen und das Häubchen aufzusetzen, um sie dann in den hochrädrigen Kinderwagen zu verfrachten. Die beiden Großen sprangen voraus, und bald ließen sie den Ort hinter sich und wanderten den Seeweg hinaus. Im kleinen Weiher schwammen Enten und Gänse, und auch ein Schwanenpaar war dort.

"Geht nicht zu nah ans Wasser!" rief Juliane den Mädchen nach, als diese zum See sprangen und den Enten extra vom Frühstück aufgesparte Brotreste zuwarfen.

Im Winter war der nahegelegene Weiher Tummelplatz für Jung und Alt, wenn er zugefroren war. War das Eis aber noch nicht fest und brüchig wie heuer, war die Warnung nicht unberechtigt; es hatte schon schlimme Unfälle dort gegeben.

Im Sommer war der See Erfrischung, allerdings nur für Schwimmer, da das Ufer flachgründig war und rasch in die Tiefe abfiel. Im Frühjahr tummelten sich Schwärme von Kaulquappen an den schilfbestandenen Uferrändern, und im Schilf quakte es, als säße da drinnen der Froschkönig und wartete auf Erlösung. Im Herbst, wenn das Schilf gelb wurde, schnitt der Vater den Kindern aus dem zähen Schilfrohr ein Pfeifchen, wozu er mit seinem Taschenmesser ein kleines Stück der Oberfläche abritzte, bis die Innenhaut am Schilfrohr sichtbar wurde. Ganze Melodien konnte man auf so einem Pfeifchen spielen.

Oder wenn im Frühjahr die Wiesen ins Kraut schossen und es *"Jaköbe"* gab, in deren hohlen Stengel man ein kleineres *"Jaköble"* schieben konnte, das dann so schön mit dem Kopf nicken konnte. Immer wußte der Vater ein Spiel, um den Spaziergang nicht langweilig werden zu lassen. Der Vater wußte Bescheid in Feld und Wald, kannte dort jedes Tier und jedes Vögelein und wußte alle Bäume zu benennen. - Viel später, im fernen Texas, erinnerte sich Friederike noch mit Staunen daran, und erzählte es immer wieder ihren Kindern.

Der Weg führte weiter hinauf zum Wald. Meist schlossen sich andere Spaziergänger an, und die Kinder freuten sich über die Gesellschaft. Durch den Wald und über das Wiesental ging der Weg, und zurück über den Michaelsberg oder die Tripsdrill. Oft kehrten sie dann dort noch ein, zu einem Glas Bier oder einer Limonade für die Kinder. Heute aber, an diesem trüben Spätherbsttag, war alles verändert. Und doch war alles wie sonst zu dieser Jahreszeit. Einige verzagte Blätter flatterten traurig an den Bäumen. *"Auch wir müssen gehen,"* schienen sie zu sagen.

"Gehen!" Das Wort spukte in Julianes Kopf und schien ihr das Gehirn zu zermartern. Die kleine Marie im Kinderwagen plapperte fröhlich, und energisch schubste Juliane den Karren über den holperigen Boden. *"Guck, dort liegen noch Äpfel!"* Rotbackig schimmerte es aus dem feuchten Gras. Die Kinder sprangen hinein und langten nach den Äpfeln. Jetzt war das erlaubt, nachdem alles abgeerntet war; vorher wäre es Diebstahl gewesen.

"Gehen". Das Herz krampfte sich ihr zusammen bei dem bloßen Gedanken. Was würde dort sein? Sonntagsspaziergänge wie dieser, späte Äpfel im Feld? Sie wußte nur, was der Bruder geschrieben hatte: *"Land, so weit das Auge reicht..."* Unvorstellbar angesichts ihrer so kleinen, überschaubaren Welt!

Ihr Mann war neben ihr stehengeblieben. Er betrachtete seine zwei Mädchen, die da so unbekümmert in den Apfel bissen. Friedrich schien den gleichen Gedanken nachzuhängen. Trotzig stöhnte er auf. Was hatte er denn hier zu erwarten? Zu erhoffen? Warten, warten, warten auf was? Auf eine eigene Werkstatt, oder auf was? Und immer auf dem Bau, bei Wind und Wetter!

Ein Hustenanfall unterbrach seine aufgescheuchten Gedanken. Er war erkältet. Oft plagte ihn ein böser Husten und ließ ihn in der Nacht nicht schlafen.

"Denk' doch, immer warm, immer Sommer, und kein Husten und Schnupfen mehr, und weites Land, Land..." er schrie es verzweifelt, *"denk doch! Und viele würden dorthin gehen, täglich!"*

Also gab es dort nicht nur Land, sondern auch Menschen, die wiederum den andern brauchten, Handwerker, Bauern. *"Und laufen muß der Mensch und Schuhe brauchen die immer..."* Und er konnte noch vieles mehr, er war geschickt mit seinen Händen in vielen Dingen! *"Juliane"*, rief er und sah sie bittend an, *"Juliane, lass' es uns versuchen!"*

Die Verwandten waren schon beisammen, als Juliane und Friedrich mit den Kindern heimkamen. Seit der Vater tot war, waren die sonntäglichen Zusammenkünfte nicht mehr so zwanghaft und eher lockerer Natur. Trotzdem war es für die Kinder immer der Höhepunkt der Spaziergänge, mit den Vettern in Haus und Hof herumzutollen. Die Eltern saßen zusammen, beredeten dies und das, und oft schnappten die Kinder auf, was eigentlich nicht ganz für Kinderohren bestimmt war. Es gab selbstgebackenes Brot oder Hefekranz zu einem Gläschen Most oder Wein, wobei das Steinkrügle öfters nachgefüllt wurde am Fässchen im Keller. Die Kinder bekamen meist Geißenmilch, oder, wenn sie die nun gar nicht mochten, auch einen selbsteingemachten Saft, von den Beeren im Garten oder auch Apfelsaft.

Ach, was waren das für Abenteuer in der kindlichen Vorstellung! In Hof und Scheuer verwegene Kletterpartien zu unternehmen, oder am Zwetschgenbaum im Garten hochzuklettern! Da gab es den Zuckerbirnenbaum, der mitten im Hühnergarten stand, umgeben von feinster, von dem Hühnervolk zerschärrter Erde, aus der man die feinsten Sandkuchen backen konnte. Die Hühner gackerten eifrig dazu und machten sich davon, ihre Eier zu legen.

Oder der alte Luikenbaum ganz dicht am Haus, wo die Zweige direkt übers Schüsselbrett zum Küchenfenster hereinwuchsen und man sich bloß ein bißchen strecken brauchte, um im Herbst die rotbackig gestreiften Äpfel hereinzulangen. Meist mußten die Äste gestützt werden ob ihrer reifenden Pracht, und dazu lehnten am Baumstamm immer Steiberer; die konnte man natürlich auch recht gut zum Stupfeln verwenden. Bloß ein wenig damit rütteln am Ast, und schon plumpste so ein herrlicher Luikenapfel ins Gras.

Wenn es regnete oder kalt war, und im Garten nichts zu holen war, verschwanden die Kinder klammheimlich in die Scheune. Es war zwar untersagt, dort die Scheunenleiter hochzukrepseln und in den nicht sehr sicheren Zwischengelagen zu spielen, aber gab es denn ein besseres Versteck oder einen besseren Platz zum Purzelbäume machen, als im Heu oder Stroh in der Scheune! Die Base kam dann und scheuchte die Kinder herunter, aus Angst, es könnte etwas passieren, aber das hinderte die Kinder nicht daran, am nächsten Sonntag wieder auf Entdeckungsreise zu gehen. Sie spürten wohl, daß die Eltern hier ein Auge zudrückten.

In der großen Bank hinter dem Tisch befand sich eine Truhe, die das alte Märchenbuch beherbergte. Ganz zerfleddert war es schon vom vielen Durchgucken, es hatte schon Generationen verzaubert, und manchmal fehlte eine Seite, so daß man sich das Ende der Geschichte ausdenken mußte. Wenn dann um die Weihnachtszeit es draußen gar zu arg dräute, so blieb die Banktruhe mit ihren Schätzen immer noch letzte Zuflucht.

Aber heute war es etwas anderes, was die Kinder in der Stube hielt. Sie spürten, daß etwas in der Luft lag, was mit ihren seitherigen Sonntagsbesuchen wenig gemein hatte.

Der Vater war ganz anders als sonst, sprach lauter und aufgeregt, und die Mutter, die doch sonst eher still war und dem Vater recht gab, redete mit lauter Stimme und weinte sogar. Tante Friederike hatte beruhigend den Arm um die Mutter gelegt. *"Es ist immer wieder recht geworden!"* Als sie noch Kinder waren und die Mutter verloren hatten, als sie später selbst Kinder bekamen und einige davon wieder hergeben mußten. Als es den Bruder wider den Willen des Vaters in die Ferne gezogen hatte. Als der Vater dann selbst alt und leidend wurde, und die Pflege hart war. Als die Kinder bösen Husten hatten, und man nicht wußte, wie es gehen würde. Immer wieder wurde es *"recht"*, immer wieder war es weitergegangen.

Der Glaube, der unerschütterliche Glaube war es, der sich wie ein roter Faden durch die Familie zog. In der Reformationszeit waren die Vorfahren ihres Glaubens wegen aus dem Salzburgischen vertrieben worden. Sie hatten eher ihre Heimat aufgegeben, als ihren Glauben zu verraten.

"Aber hier habe ich keinen Platz!" Friedrich Zacher schrie es fast. Die Worte hingen in der Stube wie stumm gewordene Vögel. *"Keinen Platz?"* Juliane wiederholte es fragend, *"aber Du hast doch*

Deine Arbeit!" Sie fühlte es ganz eng werden im Hals. Nein, sie wußte wohl, daß sie ihn mit diesen Worten und mit dieser "Arbeit" nicht zu halten vermochte; im Grunde verstand sie ihn ja auch. Aber sie hatte einfach Angst. Angst vor dem Unbestimmten, was da auf sie zukam.

Ihr Mann stand am Fenster und sah hinaus mit geistesabwesendem Blick, der wiederum an der abbröckelnden Fassade des Nachbarhauses zum Halten kam. Er fühlte sich wie gefangen in dieser Stube mit der stickigen Luft und all den Menschen, die ihm auf einmal allesamt fremd und unverständlich erschienen. Juliane sah ihn betroffen an. Verzweifelt suchte sie Klarheit in ihre Gedanken zu bringen.

Als sie die kurze Wegstrecke heimwärts gingen, faßte Friedrich nach ihrer Hand und sie erwiderte den Druck, der sich vom Herzen aber nicht zu lösen vermochte.

"Erzählst Du uns noch was von Amerika?" bestürmten die Kinder Juliane, als sie sie ins Bett brachte und diese ihr Abendgebet *"Breit' aus die Flügel beide..."* gesprochen hatten: So oft ihr dies möglich war, hatte sie den Kindern eine Gutenachtgeschichte erzählt. Heute gab ihr das Wort *"Amerika"* einen Stich. *"Ja, ja"*, sagte sie, *"das ist ganz weit weg! Dort hat es viele Äcker und Wälder und viele Tiere, und immer ist es warm..."*

In der Nacht mußte Juliane öfter aufstehen, um den Kindern Hustensaft zu geben und ihnen einen heißen, lindernden Schmalzfleck auf die schmerzenden Brüstchen zu machen. Sie selbst litt seit der Geburt der Zwillinge unter chronischen Gelenk- und Rückenschmerzen, die sie bei dem naßkalten Wetter unbarmherzig heimzusuchen pflegten.

In der folgenden Woche wurden sie alle krank. Friedrich war von der Baustelle gekommen, frierend und mit klappernden Zähnen. Das Vesper hatte er unberührt stehenlassen. Juliane hatte ihm Lindenblütentee gekocht, rasch eine heiße Wärmflasche gemacht und ins Bett geschoben. Richtig schwitzen half, es war immer so gewesen. Drei Tage vergrub sich Friedrich dann im Bett, verweigerte Essen und Trinken, ausser Tee, und erhob sich dann wieder, als wäre nichts vorgefallen.

Die Kinder niesten und husteten; Friederike, die im Frühjahr zur Schule gekommen war, mußte daheimbleiben. Juliane selbst konnte sich kaum aufrecht halten, aber die Sorge um ihre Familie ließ sie nicht nachgeben.

Im Ort wütete eine Grippewelle und raffte viele Menschen hin. In fast jedem Haus lagen die Menschen zu Bett, und gar oft mußte man das Schlimmste befürchten.

Mit Schrecken erinnerte sich Juliane an den Winter, wo ihre Mutter einer solchen Grippewelle erlegen war, und später war auch die jüngere Schwester Katharina für immer gegangen. Sie waren leise im Haus umhergegangen und hatten nicht gewagt zu reden. Dann waren sie alle gerufen worden, standen ums Bett der Mutter und weinten, auch der Vater, den sie nie vorher so fassungslos gesehen hatte. Seine erste Frau war so jung von ihm gegangen, und nun schien ihn auch Dorothea allein zu lassen mit den Kindern. Der Mutter Brust hob und senkte sich schwer. Einmal noch öffnete sie die Augen und sah sie alle mit glänzendem Blick an. Dann hatte sie die Augen für immer geschlossen. Sechsundvierzig Jahre alt war die Mutter geworden.

"Ich habe Angst!" sagte Juliane in einer dieser Nächte zu Friedrich, als es ihm wieder besser ging, sie aber nicht schlafen konnte. *"Angst hab' ich vor diesem vielen Wasser, ich kann mir's gar nicht vorstellen, und überhaupt..."*

"Aber David und seine Familie sind doch auch hinübergekommen, alle!" Friedrich blieb unbeirrt. Er hatte seinen Entschluß längst gefaßt. Die Grippe und das Fieber hatten die Pläne der Auswanderung in den Hintergrund gestellt, jetzt aber drängten sie mit Macht hervor. *"Und warm ist es immer dort, Du wirst nicht erkältet sein und Husten haben und Schmerzen..."* Trotzig bekräftigte Friedrich seine längst feststehende Entscheidung. *"Du wirst schon sehen, drüben ist alles besser, der David hat doch das auch geschrieben..."*

Seufzend gab es Juliane auf. Sie betete in ihrem Herzen, daß Gott sie leiten möge. Bis hierher hatte er sie gebracht, er würde sie weiter bringen nach seinem Ratschluß.

Das letzte Weihnachten daheim

Weihnachten rückte näher. Es würde das letzte Weihnachten in der alten Heimat sein. Der Entschluß war gefaßt: Friedrich Zacher würde mit seiner Frau Juliane und den drei Töchtern auswandern. Ein Brief an David war unterwegs; er enthielt die Bitte, nach einem Stück Land Ausschau zu halten. Hier im Ort hatte man sich bereits nach einem geeigneten Käufer umgesehen, der das Anwesen übernehmen könnte. So würde die Barschaft ausreichen, ihre Überfahrt zu bezahlen.

Jetzt, da die Würfel gefallen waren, wich auch der Druck von Juliane. Sie war kein Kind der Unsicherheit und des Zweifels und wollte ihr Gehirn nicht mit unnützen Gedanken zermartern. Trotzdem konnte sie nicht verhindern, daß wehmütige Phasen ihren Alltag durchkreuzten. *"Heut' wollen wir Brötle backen!"* hatte sie den Kindern gesagt, und im Stillen hinzugesetzt, daß es das letztemal sein würde in der Heimat. Wo würden sie sein, wenn es wieder Weihnachten wurde?

Voller Eifer halfen die Kinder der Mutter, Lebkuchen, Ausstecherle, Butter-S, Springerle und Zimtsterne zu formen. Nach altem Rezept, von der Großmutter überliefert, wurden die Zutaten vermengt. Die Vorfreude war ja das Schönste am Christtag, wenn draußen große wäßrige Schneeflocken am Fenster vorbeihuschten, und der Wind dazu sein Lied pfiff, und man drinnen Brötlesteig rührte und schon dabei ein Versucherle stibitzte. Die Mädchen setzten die ausgestochenen Figuren oder Kringel auf ein großes Backblech und bestreuten sie mit buntem Zucker. Den Lebkuchenteig strichen sie aufs Blech; erst nach dem Backen würden die Lebkuchen geschnitten werden. Dann hatten sie alles ins Backhaus getragen, wo die Brötle nach der Hauptbachet, wenn der Ofen nicht mehr ganz so heiß war, herausgebacken würden.

Die Nachbarinnen waren da mit ihrem vorbereiteten Gebäck, und es roch unwiderstehlich nach Christtag, daß einem das Wasser im Munde zusammen lief. Ganz ans Ende des Bleches war das Restle vom Teig gesetzt worden, ein wenig trocken und aus der Form geraten. Das durfte dann gleich nach dem Backen als Versucherle dienen.

Dann kamen die Brötle weg, in Dosen oder Schachteln, und gut versteckt. Aber doch nicht so gut, daß sie die Mäuslein nicht finden konnten, war doch dann regelmäßig ein Loch in der Schachtel, oder ein Leerraum in der Dose.

Viele Jahre später, als Friederike und Christiane selber Kinder hatten und das vorweihnachtliche Backen nicht mehr in der warmen Stube, sondern unter Palmen und frühlingshaften Temperaturen stattfand, erzählten sie immer wieder vom Backhaus und Brötlesbakken. Beim Besuch der Verwandten suchten wir in allen Auslagen ein bestimmtes Gebäck. Die Großmutter hatte immer von irgendwelchen *"Kipfle"* gesprochen und man hätte doch gar zu gern gewußt, was das für ein Gebäck gewesen war.

Während die Brötle im Ofen ihre Farbe bekamen, blieben die Frauen im Backhaus beisammen. Friederike und Christiane hockten sich auf den breiten Bord an der Wand und spitzten eifrig die Ohren, um ja nichts zu versäumen. *"Geht's bald los?"* fragte die Base, und wandte sich an Juliane. *"'s wird wohl Frühjahr werden"*, meinte diese, *"wir müssen noch ein Schiff finden, das uns mitnimmt."*

Das Thema der Auswanderung bot reichlich Gesprächsstoff, waren doch einige Familien im Ort im Begriff, ihre Segel zu hissen und der Heimat den Rücken zu kehren. Mit gemischten Gefühlen verfolgten die Zurückbleibenden die Unternehmungen. *"Ja, wenn wir noch jung wären..., aber jetzt ist es zu spät..."* Die Base seufzte und langte nach dem Schieber, um nach den Brötle zu gucken drinnen im Ofen. Zog dann Blech für Blech heraus und schob diese auf das Bord. Hier und da wurde sie gebraucht mit ihrer Erfahrung, und hier und da würde sie sie weitergeben.

Bevor Juliane die Brötle in die Behälter schichtete, füllte sie einen Teller von den verschiedenen Sorten; die Base und der Vetter hatten für heute abend zum Vorsitz eingeladen, und das war ein willkommener Anlaß, die Brötle zu probieren.

Die winterlichen Vorsitze ersetzten im dörflichen Leben einst Radio und Fernsehen, von welchen man überhaupt noch nichts wußte und so auch keinesfalls vermisste. Man erfreute sich der trauten Geselligkeit in Nachbars Stube und kam im Laufe des Winters in allen Stuben des Verwandten- und Bekanntenkreises herum. Die Frauen befleißigten sich ihrer Stricket und manches Paar Socken wurde so gestrickt, während die Männer sich mehr dem Dialog und der hohen Politik widmeten.

Es herrschte immer noch Krieg, aber Sieg und Frieden rückten in greifbare Nähe. Am 18. Januar 1871 wurde das neue Deutsche Kaiserreich ausgerufen. Es hatte am gleichen Tage Waffenstillstand gegeben, der Sieg war an Deutschland gegangen. Die *"Warte"* brachte die Neuigkeit auf der ersten Seite und weidete sich am glorreichen Sieg der Deutschen. Die Hoffnung, daß alles nun besser werden würde, wurde neu belebt.

Heute durften auch die Kinder mit, und bald fand sich die ganze Familie inmitten der Nachbarn in deren guter Stube. Juliane stellte den Teller mit dem Selbstgebackenen auf den Tisch, wo ebenfalls schon Versucherle bereitstanden. Auch das Krügle war schon gefüllt worden und wartete auf seine Gäste.

Bald klapperten emsig die Stricknadeln, während das Krügle öfters nachgefüllt werden mußte, um die erhitzten Gemüter zu besänftigen. Man war absolut nicht einer Meinung, was den Krieg mit Frankreich betraf im allgemeinen, und im besonderen, daß so viele ihrer Heimat den Rücken kehrten.

"Und ihr habt Euch wirklich entschlossen, zu gehen?" Friedrich spürte den Widerstand in sich aufkeimen. Er war es leid, alles wieder von vorne aufzurollen. Für ihn und seine Familie waren die Würfel gefallen, ob es nun besser würde in diesem Land, oder nicht. Er sah Juliane an, und diese sagte rasch: *"Greift doch zu! Wir haben heute Christagsbrötle gebacken"*, um dem Gespräch eine Wende zu geben. Es gab ja auch noch andere Neuigkeiten im Ort, wer wieder das Zeitliche allzu früh gesegnet hatte, oder wer gar heiraten mußte, weil Nachwuchs unterwegs war, und wo der Storch einen neuen Erdenbürger in die Wiege gelegt hatte. Der Gesprächsstoff war

unerschöpflich; das Leben schrieb die schönsten Geschichten, worüber man manchmal herzlich lachen konnte. Und wenn dann die Base von den Gespenstern erzählte, die ganz bestimmt im Turm oben hausten - neulich habe der Vetter eines gehört, wie es tief und traurig von oben heruntergeseufzt habe - dann wurde es richtig heimelig. Man rückte näher zusammen, langte wohl auch nach dem Gesangbuch und schlug einen beruhigenden Vers auf. Hatte es oben in der Dachkammer nicht gepoltert? War es nicht wie Kettenrasseln gewesen? Und ganz gewiß seien die Blätz weggegangen, die das Mädle so entstellt hatten, als die Base die Brauchformel über sie gesprochen hatte. Und die und der hätten wieder laufen können, nachdem sie die nach geheimem Rezept selbstgemachte Salbe draufgeschmiert hätten und den oder den Tee getrunken hätten. Aber demselbigen hätte alles nichts genützt, weil er gelogen habe und dem Teufel auf den Leim gegangen sei; jetzt müsse er elendiglich dahinsiechen.

Beim Heimgehen hielt man sich dann fest bei den Händen und wich den Schatten aus, die da so gespenstisch um die Hausecken krochen, obwohl einem selbst noch kein richtiges Gespenst begegnet war.

Am Heiligen Abend waren sie alle wie immer bei der Christmette in der Kirche gewesen, und Juliane hatte es geschienen, als hätte der Christbaum noch nie so hell gestrahlt wie heuer, als wären die alten Weihnachtslieder noch nie so eindringlich gesungen worden. Die Kerzen am Baum flackerten unstet, und Juliane hatte vergeblich mit dem Kloß im Hals gekämpft; schließlich hatte sie ihren Tränen freien Lauf gelassen. Die Kinder an ihrer Seite hatten angstvoll zur Mutter aufgeschaut, deren Blick nun zu den alten Steinfiguren hinter dem Altar wanderte. Der huschende Kerzenschein verlieh den steinernen Menschen mit den über dem Leib gefalteten Händen Leben, als wollten sie gleich herabsteigen und sich zwischen die Kirchenbesucher setzen. So mußten Großvater und Großmutter ausgesehen haben, dachte Juliane immer, wenn sie die Steinfiguren betrachtete. Die Frau mit der steifen Halskrause und dem hochgegürteten langen Rock, der Mann mit der wehrhaften Rüstung und dem fest in der Faust liegenden Stab, der wohl als Waffe gedient hatte.

Der Hochaltar glänzte und gleißte, die Engelein schienen zu jubilieren und direkt auf das Kind in der Krippe zuzuschweben, neben der Maria und Josef hingebungsvoll kauerten.

Vor dem Ölberg mit dem knienden Heiland und den Jüngern hatte sie schon oft mit den Kindern gestanden und sich den Leidensweg vergegenwärtigt. Julianes Blick ging weiter zum hocherhabenen Lettner, wo sie ebenfalls schon viele Male gestanden und im Kirchenchor mitgesungen hatte. Des Pfarrers Stimme brachte sie zurück zur Kanzel. Nie zuvor hatte sie die Ornamente, Schleifen und Rosetten aus vergoldetem Holz und Stein, die hohen Kirchenbänke mit den verzierten Lehnen und die gotischen Bogen unter der Kirchendecke, die wiederum in einer Rosette zusammenliefen, so intensiv wahrgenommen! Und ach, wie vertraut ihr das alles war von kleinauf! Sobald sie hatte gehen können, war sie an der Mutter Hand und mit den Geschwistern auf den Steinfliesen durch dieses Kirchenportal gegangen, und obwohl es hier immer kühl war, fühlte sie sich doch an diesem Ort warm und geborgen.

Durch dieses Portal war sie zur Konfirmation geschritten, und hier waren sie und Friedrich getraut worden, wie ihre Geschwister und alle ihre Vorfahren. Von hier aus war alles Leben gegangen, hierher hatten sie ihre Kinder zur Taufe gebracht, die verblichenen Lieben zum letzten Gang geleitet. Anfang und Ende, und kein Bleiben. Nirgendwo auf dieser Erde.

Es schneite, als sie aus der Kirche ins Freie traten. Die Glocken läuteten die Christnacht ein. Vertrautes, heimeliges Gefühl seit Kindertagen. Der Würgegriff im Hals wollte sich nicht lösen.

Auch Friedrich schien es zu spüren. Mit sanftem Druck nahm er ihren Arm, und zog sie mit sich. Sie blickten hinauf in die von Weihnachtslichtern erhellte Nacht. Es würde immer einen Christtag geben, so lange sie lebten! Auch wenn ihnen heute recht bang war ob all dem Ungewissen, das da auf sie zukam. Der neuerliche Brief von David fiel ihm ein. Nichts von Schnee und Kälte war darin gewesen, auch nichts von Weihnachten, aber viel von Freiheit, und weitem Land. Das Heimweh, das stand zwischen den Zeilen.

1871 "Ein gutes neues Jahr!"

Die Glocken hatten das Jahr 1871 eingeläutet. Frieden sollte es bringen. Die Kinder waren von Haus zu Haus gegangen, das *"Neujahr wünschen"*. So war es Sitte, so war es richtig. Gut anfangen mußte man es. *"Ein gutes neues Jahr!"* sagten die Kinder brav, dutzendemale an diesem Tag. *"Und Euch, was wird's Euch bringen?"* - *"Weit fort dürft Ihr reisen dieses Jahr..."* Die Kinder begriffen nicht ganz, daß man ihnen das immer wieder sagte. Friederike hatte in der Schule stolz verkündet: *"Wir gehen nach Amerika!"* Und der Lehrer hatte das Wort *"Amerika"* an die Tafel geschrieben. Jetzt malten sie Buchstaben für Buchstaben ab, während der Lehrer ihnen von diesem Land erzählte, wo so viele hinwollten und das Glück suchten. Die neue Welt sei das, und von Kolumbus erzählte er, wie dieser den neuen Kontinent entdeckt habe. Friederike wurde es ganz heiß bei dem Gedanken, daß sie doch auch bald auf so eine Entdeckungsreise gehen sollte. Zuhause hatte sie dann mit dem Vater auf der Landkarte gesucht nach dem Ort, wo der Onkel bereits war, und wo es so viel Land zu kaufen geben würde. Auf der Landkarte war es ein winzig kleiner Fleck! Nein - wie sollten das die Kinder wissen, wie es dort war!

Es war ein kalter Januar gewesen, und im Februar legte es einen meterhohen Schnee hin, zur Freude der Kinder, die mit ihren Schlitten hinauszogen zu den verschneiten Wiesenhängen, und nicht genug kriegen konnten vom Schlittenfahren. Selbst die Straßen und Gassen, wo immer es ein wenig abschüssig war, wurden zu Schlittenbahnen gemacht. Niemand anders als die Kinder mit den Schlitten hatten da Vorfahrt, und die Alten freuten sich mit.

Am Nachmittag hatte der Nachbarsbub Christian die beiden Mädchen abgeholt und sie waren mit dem Schlitten zur Vorstadt hinausgezogen. Dort gab es eine Schlittenbahn, mitten auf der Straße. Fuhrwerk würde bei diesem Wetter ja keines kommen, höchstens ein Pferdeschlitten, und der ließ den Kindern die Freude und freie Bahn.

Friederike und Christiane setzten sich hinter Christian auf den Schlitten. Mit den langen Röcken war das gar nicht so einfach, aber man wußte sich da schon zu helfen. *"Aus der Bahn!"* schrie Christian und schubste mit den Füßen den Schlitten an. Mit dem Stiefelabsatz *"leitete"* er die Fuhre in der richtigen Bahn. Die Kinder hielten sich aneinander fest, und los gings! Abwärts sauste der Schlitten!

Mit roten Backen kamen die Kinder heim. *"Komm nur mit herein!"* forderte Juliane den Christian auf, und der Bub beeilte sich, der Aufforderung nachzukommen. In der Stube roch es unvergleichlich nach Bratäpfeln, die in der Ofenröhre brutzelten. Drinnen zog Juliane den Mädchen die feuchten Kleider aus und hängte sie um den Ofen zum Trocknen. Dann holte sie den Kindern die Bratäpfel aus der Röhre und richtete ein G'sälzbrot und einen Becher warme Milch. Und wie es den Kindern schmeckte! Juliane verspürte einen schmerzhaften Stich in der Magengrube. Was würde werden? Würde sie dieses traute Daheimsein jemals wieder erleben? Draußen breitete die Abenddämmerung schützend ihren Mantel aus.

Auf dem Bau stockte die Arbeit in diesen Tagen, nicht sehr zum Leidwesen von Friedrich. Allerdings stockte auch der Verdienst, was wiederum Verdruß brachte. Aber Friedrich wußte sich zu helfen. Er kümmerte sich in diesen Tagen regelmäßig um das kaputte Schuhwerk. Mit meisterlichem Geschick flickte er alles zusammen, was noch einigermaßen zu reparieren war, auch das Schuhwerk anderer Leute.

An jenem Abend drängten sich Freunde und Nachbarn in der kleinen Werkstatt neben dem Stall, wo die Geiß ihren Platz hatte neben den zwei Schweinen und dem Hühnervolk im oberen Verschlag. Haustiere für der Menschen Bedarf an Nahrungsmitteln.

"Soll es denn wirklich fortgehen?" Es gab kein anderes Thema in diesen Tagen. Kater Mohrle schnurrte behaglich neben dem Ofen. Juliane hatte die Kinder auf dem Schoß. Öfters saß sie am Abend dabei, half wo sie konnte beim Reparieren der Schuhe. Heimelig war's hier drinnen, im Ofen knisterten die Holzscheite. Draußen glitzerten die Sterne am frostklaren Nachthimmel.

"Ihr habt es also beschlossen?" *"Habt Ihr es Euch auch gut überlegt?"* Der Nachbar sah Juliane an, die sehr blaß wirkte und öfters hustete Sie hatte sich einfach nicht richtig erholt von dieser schlimmen Grippe im letzten Spätherbst. *"Ja, ja"* murmelte Friedrich ein wenig unsicher. Wie zur Bekräftigung schlug er den Nagel in den Schuhabsatz auf dem Leisten, nahm einen weiteren und schlug ihn ein, und noch einen, bis er den Absatz umrandet hatte. Er zog den Schuh vom Leisten und hielt ihn hoch, drehte ihn nach allen Seiten. Glatt und sauber lag die Sohle, im Kranz glänzten die Nägel und versprachen Halt und Widerstandskraft - saubere, gradlinige Handwerkerarbeit! *"Ja!"* rief Friedrich, *"ja doch, - wir packen es!"*

Abschied

Der März hatte sich stürmisch eingestellt. Aber der Schnee war verschwunden, erste Krokusse wagten sich an die Sonne. In Feld und Weinberg begann die Arbeit. Täglich wanderten die Wengerter hinaus in den Wengert, um die Reben zu beschneiden. Die Frühjahrsarbeit im Wengert machte ein Drittel der gesamten Arbeit im Jahr dort aus. Auch Friedrich und Juliane halfen mit. Noch einmal - und dann niemals wieder? Nie mehr einen Wengert austreiben, wachsen, die Trauben blühen und reifen sehen?

Den eigenen, vom Vater ererbten Weinberg hatten sie den Verwandten überlassen. Das war geregelt, und auch die anderen Liegenschaften hatten ihren Herren gefunden, die Überfahrt kostete Geld. Weh hatte es schon getan, alles abzulegen, einfach herzugeben, was doch da war und was man seither in den zurückliegenden dreißig Jahren so liebevoll gepflegt hatte. Selbst die Geiß im Stall, die jahrelang für die Milch gesorgt hatte, gehörte plötzlich nicht mehr zu einem, obwohl sie doch da war und zur Familie gehörte. Die Geiß schien das zu spüren; sie hatte Juliane neulich fast vom Melkschemel geworfen und war nicht zu beruhigen gewesen. Und Kater Mohrle war einfach weggeblieben. Sie hatten überall nach ihm gesucht, aber Mohrle blieb verschwunden. Letzte Dinge, viele Dinge waren noch zu tun.

An einem sonnigen Märztag machte Juliane ihren Rundgang durch den Heimatort. Oben an der Straße blieb sie stehen, schaute zurück auf das Rathaus, wo sie so oft die geschwungene Wendeltreppe hochgegangen war, ging dann rasch durch die seitliche Gasse und den schmalen Winkel zum Kirchplatz. Heiß stieg ein brennender Schmerz in ihr hoch, als sie die Kirche mit ihren schützenden Mauern vor sich stehen sah. Sie sah am Kirchturm nach der Uhr. Dort schlug es die volle Stunde. Rastlos eilte der Zeiger weiter, immer weiter - ohne Aufenthalt, scheinbar ziellos, zeitlos. Wo werden wir Schutz finden, wenn diese Mauern nicht mehr um uns sind? Was wird sein im fernen Land? Das Bild der Schmotzerin, die mit ihrem Mann Adam Stratzmann 53 Kinder hatte, wovon keines alt genug wurde, um den Namen weiterzutragen, kam Juliane in den Sinn; oft hatte sie vor dem Bildnis in der Kirche gestanden und darüber nachgedacht, wie das möglich gewesen war. Und was mußten die Eltern empfunden haben, als sie alle ihre Kinder wieder hergeben mußten. Gehen, gehen - kein Bleiben, nirgendwo.

Juliane nahm Abschied. Ja, sie würden gehen, und einer, der ihren Weg bestimmt hatte bis zum Ende, ging mit, wo immer ihr Weg auch lag, hier oder drüben über dem großen Wasser.

Ein weiterer Brief war von David gekommen. Täglich kämen neue Auswanderer und alle suchten Land. Er habe bereits ein Stück Land für sie ausersehen, gutes Land, wisse aber nicht, ob er es noch lange halten könne, sie möchten sich doch beeilen mit dem Herkommen.

Friedrich hatte bereits Ausschau gehalten, aber alle Schiffe waren ausgebucht, man müsse sich gedulden. Aber da sei ein Frachter, der Leute suche, die bei der Überfahrt mithelfen könnten, und dieses Schiff sei bereit, die Familie Zacher mitzunehmen. Mithelfen, auf einem Schiff - Juliane vermochte sich das nicht vorzustellen. Aber vielleicht könnte sie kochen, oder saubermachen...

Jetzt galt es zu packen! Die Schwester war herübergekommen, um zu helfen. Energisch ging man ans Werk. Was sollte mitgenommen, was eingepackt, was zurückgelassen werden? Daß die Überfahrt auf einem Frachter erfolgen sollte, zeigte sich von großem Vorteil hinsichtlich der mitzunehmenden Habe, ein gut Teil konnte so untergebracht werden. Die Juliane so vertraut gewordenen Sachen: Töpfe, Teller, Schüsseln, Pfannen, den handgearbeiteten Wohnzimmerschrank,   die Aussteuertruhe mit den geschnitzten Trauben und Äpfeln und der kunstvollen Intarsienarbeit - wo sollte sie anfangen? Und ihr schönes Küchenbüfett mit den porzellanen Gewürzschütten, das ihr Friedrich zur Hochzeit geschenkt hatte, mit Liebe von ihm selbst angefertigt. Das Herz blutete ihr, als sie den Blick umherwandern ließ. Nein, alles ließ sich nicht mitnehmen! Dann hatte Friedrich eine Idee. Er würde die handgearbeiteten Schränke in flache Bretter zerlegen; später würde er sie drüben wieder zusammensetzen.

Die handgewobene Aussteuerwäsche, mit Monogramm und Spitzen verzierte Tischtücher, sie würden den Weg nach drüben antreten. Das gute Geschirr: Goldrandteller, Sammeltassen, das Silber... Immer wieder wog Juliane ab, hielt die schönen Stücke in Händen, legte einiges davon auf die Seite, packte sorgfältig die wertvollen Dinge in Tücher und Kleidung. Die Waschkommode und der breite Eichenschrank im Schlafzimmer blieben stehen; Juliane streifte sie mit wehmütigem Blick.

Obenauf in die Kiste mit dem bemalten Kaffeeservice legte Juliane die goldverzierte Spieluhr, ein Hochzeitsgeschenk ihrer Schwester. Sie nahm die Uhr nochmals heraus, zog sie auf und setzte sich auf den Bettrand, ein letztes Mal die vertraute Melodie in sich aufnehmend. In einer extra gekennzeichneten Kiste befand sich die von den Eltern ererbte Wanduhr. So es Gottes Wille war, würde ihnen diese Uhr auch drüben die Zeit künden, ungeachtet der Weite, die zwischen der alten und der neuen Heimat lag.

Endlich standen Koffer und Kisten gepackt im Hausflur. Es hieß Abschied nehmen. Ein letzter Blick durchs Fenster, ein letzter Gang durchs Haus. Aus den Augenwinkeln spähte Friedrich zur verwaschenen Hauswand hinüber, wo die Regenschlieren wie Abschiedstränen schimmerten; nein, ihr weinte er keine Träne nach, aber diese Wand hatte ihm den Weg gewiesen in die Ferne. Er trug Reisekleidung und derbe Stiefel. Auch Juliane trug ihre besten Kleider und das große, wollene Umschlagtuch um die Schultern. Friedrich griff nach der goldenen Uhr in der Westentasche: *"Es wird Zeit..."* Die kleine Marie, die er auf den Arm genommen hatte, griff aufjauchzend danach.

Friederike und Christiane trugen ihre Sonntagskleider und darüber die roten, wollenen Umhänge; ernst blickten ihre kleinen Gesichter unter der unter dem Kinn gebundenen Haube. Jedes der Mädchen hielt ein bastgeflochtenes Reisekörbchen in den Händen. *Viel Glück und viel Segen auf all Deinen Wegen, Gesundheit und Wohlstand sei auch mit dabei!"* Die Schulkameraden hatten es zum Abschied gesungen. Der Lehrer war mit der ganzen Klasse gekommen, um ade zu sagen, Nachbarn und Freunde waren da, die ganze Gasse war auf den Beinen, soweit wie möglich das Geleit zu geben.

Jetzt bog der Fuhrunternehmer mit der Kutsche um die Ecke. *"Brrr"* sagte er und brachte die Pferde vor dem Haus zum Stehen. *"Es ist also soweit!"* Er stieg ab und half, die Gepäckstücke aufzuladen und zu verstauen. Dann half er den beiden Mädchen aufsteigen und gab Juliane die Hand, um auch ihr hochzuhelfen. Friedrich folgte mit der kleinen Marie. Dann nahm der Kutscher wieder seinen Platz ein und zog an den Zügeln. *"Alsdann... hüo..."* Die Zurückgebliebenen winkten, bis die Kutsche ihren Blicken entschwand.

Schnaufend hielt der Zug. Alles Seufzen, alle Trauer und alle Freude der vergangenen Monate schien in diesem Schnaufen zu liegen, aber auch etwas anderes, das sich anhörte wie der Jauchzer der Freiheit. Juliane würde sich später immer an dieses Seufzen erinnern. Jetzt aber war es wie ein fernes Singen in ihren Ohren. Und plötzlich wich alles zurück, wurde leicht und frei, als hätte man einen schweren Stein weggewälzt.

Die Gepäckstücke wurden im Güterwagen verstaut. Friedrich reichte seine jüngste Tochter der Mutter in den Zug und half dann den beiden Großen einzusteigen. Zuletzt schwang er sich selbst aufs Trittbrett hinauf.

Im Abteil kurbelte Friedrich rasch das Fenster herunter, und die Mädchen winkten hinaus. Für sie war es ein Abenteuer, ein aufregendes Ereignis, das sie in ein ganz neues Leben führen würde.

"Jeden Schritt und jeden Tritt, geh' Du, lieber Heiland, mit...!"

Juliane betete das alte Kindergebet still vor sich hin. Der Zug ruckte an und pfeifend verschwand er hinter der nächsten Biegung.

Frischer Wind

Ein schneidend kalter Wind pfiff ihnen um die Ohren, als sie in Hamburg ankamen. Juliane und Friedrich hatten sich nicht träumen lassen, daß sie einmal auf diese Weise das *"Tor zur Welt"* sehen würden.

Im Hafen lagen viele Schiffe, große und kleine. *"Ist das große da vorne unseres?"* Friederike hüpfte am Vater hoch, um besser sehen zu können. Friedrich nahm das Kind hoch und zeigte mit der Hand weit hinaus: *"Nein - guck mal, ganz dort hinten, das blaue mit der weißen Borte..."* Zwischen den großen, farbenprächtigen Schiffen nahm es sich wie ein unscheinbares Gehäuse aus.

"Aber guck doch, es hüpft!" rief Friederike, und Christiane guckte angestrengt und wollte auch was sehen. Der Farbfleck tanzte lustig in den Wellen. Juliane und Friedrich sahen sich an. Sollte das ihre Behausung sein in den nächsten Wochen? Übers weite Wasser, wo Stürme und Wolken und Ungewißheit harrten? *"Es sind doch schon so viele hinüber..."* Friedrich sagte es schließlich mit einem Zögern in der Stimme, *"viele haben es doch geschafft vor uns."*

Auf dem Frachter würden sie die einzigen Auswanderer sein neben der Besatzung. Eigentlich war es kein Passagierschiff und auch dafür nicht eingerichtet, aber dem Umstand, daß sie ihre gesamte Habe an Bord nehmen konnten, verdankten sie immerhin das tröstliche Gefühl, nicht ganz entwurzelt zu sein.

Kapitän Andres hieß die Familie Zacher auf seinem Schiff, seinem "Kahn", wie er es nannte, herzlich willkommen. Er war ein kleiner, untersetzter Mann mit wuscheligen Haaren und wettergegerbtem, bärtigen Gesicht, aus dem die fast schwarzen Augen unter den buschigen Augenbrauen mit schwer zu deutendem Ausdruck hervorblitzten, etwas Schelmisches und nicht Beständiges lag in diesem Blick.

Er freue sich über die Abwechslung, einmal nicht nur Waren an Bord zu haben, sondern auch menschliche Fracht, und überdies sogar noch Kinder. Die Mädchen starrten den bärtigen Mann an. War das am Ende ein Zauberer? Zögernd nur ergriffen sie die führende Hand. Der Frachter schaukelte und ächzte, als sie nun alle über die Planken schritten, als wolle er sie mahnen, *"Jetzt könnt' Ihr noch umkehren"*. *"Annabella"* hieß das Frachtschiff. Aber es machte seinem Namen wenig Ehre, ein schönes Mädchen war es bestimmt nicht, und seine jüngeren Tage dürften längst hinter ihm liegen.

Verwegen aussehende Männer zogen und zerrten an Tauen, kletterten auf den Mast, sich gegenseitig mit Zurufen anfeuernd. Juliane wurde es ganz schwindlig, wenn sie da hinaufschaute, wo die Männer scheinbar schwerelos an schwankenden Seilen hingen. Die Kinder blickten staunend. *"Da lang!"* sagte der Käpt'n. Er kniff die Augen zusammen und musterte die Mädchen. *"Kleine Kinder, werden doch nicht Ärger machen"*, brummte er. Sein Schiff war alles andere als ein Kindergarten. Aber schließlich war das nicht seine Sache, er hatte seine Fracht zu transportieren und war bezahlt worden dafür. Alles andere ging ihn nichts an.

Die kleine Marie fing an zu weinen, weil ihr der scharfe Wind in den Augen brannte. Friedrich nahm die Kleine beruhigend auf den Arm. Sie folgten dem Kapitän die enge, steile Treppe hinunter in einen noch engeren Gang. Vor einer kaum mannshohen Tür blieb er stehen, öffnete die Türe und winkte einladend: *"Mehr kann ich Ihnen nicht bieten! Aber allerbeste Ausstattung!"*

Friedrich und Juliane gingen hinein, die Kinder zwängten sich zwischendurch. Zwei an der Wand festgemachte Betten, mit grobem Leinen bezogen, zwei weitere darüber, also insgesamt vier, das mußte reichen. Eine Kommode auf der einen, ein schmaler Spind auf der anderen Seite, festgefügt an der Wand; die Waschschüssel mit dem Wasserkrug war mit einer Kette ebenfalls an der Kabinenwand verankert. Verrücken ließ sich da nichts. Aber das wäre ohnehin kaum möglich gewesen, konnte man sich doch kaum im Raum umdrehen. *"Frisches Wasser gibt's auf Deck in der Kombüse! Bitte, gehen Sie sparsam damit um! Und eine Toilette befindet sich am Ende des Ganges."* Damit ließ der Kapitän die Reisenden allein.

Juliane hob eine Decke vom Bett. Sauber war sie. Das Bullauge hinter den Betten spendete mattes Licht. Plätschernd schlugen kleine Wellen dagegen und hinterließen Spritzer, die wie Tränen an den gewölbten Scheiben herabliefen.

Die Kinder fanden die Betten lustig und krepselten sofort an der kleinen Leiter hoch. *"Kann man das Fenster aufmachen?"* fragte Friederike und suchte nach einem Griff. Aber der Vater belehrte sie rasch: *"Nein, nein, es ist anders auf dem Schiff, Wasser könnte hereinkommen!"*

Tapfer schob Juliane alle schweren Gedanken, die auf sie einstürmen wollten, zur Seite und griff nach den Koffern. *"Kommt, helft mir"*, forderte sie die andern auf, *"wir werden eine Weile auf dem Schiff bleiben müssen..."* Sie machten sich ans Werk, eine Bleibe einzurichten. Nicht auf Dauer. Das Schiff würde nicht ihre Heimat bleiben.

Etwas wie Übermut überkam Friedrich. Er lachte und pfiff leise vor sich hin, steckte mit seinem Übermut die andern an. Sie waren jung und stark genug, um neu anzufangen. *"Bis hierher hat uns Gott gebracht, bis hierher uns geleitet."* Friedrich stimmte den Choral an, und fröhlich sangen Juliane und die Kinder mit. Die Kinder hatten rote Backen vom Wind, aber trotz aller Strapazen waren sie gesund. Erst die große fremde Stadt, und jetzt das Schiff, das es zu entdecken galt, und dann das unbekannte weite Meer, das Abenteuer, das vor ihnen lag, - alles hatte etwas Befreiendes, Ermutigendes. Eine Aufgabe lag vor ihnen und sie hatten ein Ziel. Sie hatten die Bande gelöst, nun galt es vorwärts zu blicken.

Sie standen mit den Kindern an der Reling. Am Himmel schoben dunkle Wolken die Sonne weg, um mit einem kräftigen Wasserguß zu grüßen, wie um zu sagen: *"Ich will's Euch leichter machen zum Abschied!"* Aber nicht lange blieb die Sonne verborgen. Am Horizont zeichnete ein Regenbogen mit sanften Farben seine Bahn. Helle, weiche Pastellfarben, nicht grimmige Kälte und Eis.

Es war ein windiger Apriltag, als sie in See stachen. Gischtend zerteilte der Bug das Wasser, und weiß bäumte es sich zu beiden

Seiten auf, um hinter ihnen weich wieder zusammenzufließen, die Schnittwunde sofort wieder zu heilen. Ein klarer Schnitt, und im Augenblick wieder heil. Augenblicke, wie Glück und Leid, entschwunden dem Auge, entschwunden dem Sinn.

Sie standen auf Deck an der Reling, langsam sahen sie ihre alte Heimat entschwinden. Dumpf war das Gefühl in der Brust, und Ahnung nur, daß sie die Heimat nie wieder sehen würden. Die Kinder winkten mit ihren weißen Taschentüchern, schweigend standen die Eltern. Marie auf des Vaters Arm versuchte es den Schwestern nachzumachen und hob jauchzend die Ärmchen.

Sie standen und winkten, Tränen liefen über ihre Gesichter, ob vom Wind oder vom keimenden Heimweh oder von der Gewißheit, etwas hinter sich gelassen zu haben, das endgültig war, das nur noch in Gedanken, vielleicht in Handschriften und in Briefen existieren würde.

Friedrich wendete seinen Blick ab von der schrumpfenden Küste. Energisch griff er nach der Hand seiner Frau. *"Sieh doch"*, rief er, *"sieh doch!"* Der Himmel riß auf, gab hinter den Wolkenbergen ein Stück Himmel frei. *"Unser Stück Himmel..."* Ein Windstoß faßte seinen Hut und drohte ihn davonzutragen. Rasch griff er danach und hielt in fest. Sie würden es schaffen, mit Gottes Hilfe würden sie eine neue Heimat finden! *"Jeden Schritt und jeden Tritt ..."* und irgendwo war das Wort: *"Herr, lehre mich die Kunst der kleinen Schritte ..."*

Warum nur war es den Menschen unmöglich, hinter diese Wolkengrenze, hinter diese Linie am Horizont zu sehen? Warum konnte sich des Menschen Seele nicht lösen und frei werden und ausbrechen aus ihrem leiblichen Gefängnis, wie dies erst nach dem Verlassen dieser Erde möglich ist? War es deshalb, um die Schritte, die Schritt für Schritt bewältigt werden müssen, nicht zu verwirren und zu stolpern? *"Nimm Dein Leben Schritt für Schritt, und schau auf Deinen Weg zu Deinen Füßen, und mit den inneren Augen nach oben..."* Es wäre so viel einfacher gewesen, wüßte man, was einen erwartet, und ob alles gutgehen würde.

Juliane hatte schon des öfteren eine Art Wachtraum befallen. Es war dann, als könnte sie fliegen, über die Häuser und Dächer hinweg, und als könnte sie herabsehen auf die Menschen. Es war eine Art "über sich stehen", und irgendwie war alles unwichtig. Aber immer war sie auf dem Boden der Tatsachen aufgewacht und hatte sich gewundert, daß nichts um sie herum sich verändert hatte. Der liebe Gott hatte ihr neben einer robusten Gesundheit auch einen nachdenklichen und feinfühligen Verstand gegeben, der manchen Zweifeln nicht zu widerstehen vermochte. Und überall konnte der liebe Gott doch auch nicht sein! Was der Mensch selbst bewerkstelligen konnte, das mußte er auch tun, wohl mit Gottes Hilfe, aber eben auch tun. Doch wo blieb die eigene Entscheidung, wenn ihm sein Weg vorgezeichnet war, die eigene Entscheidung, die man täglich von ihm verlangte, die ihm niemand abnehmen konnte? Nicht in den kleinen Dingen des Lebens, nicht auf diesem Schiff, das sie auf ihre eigene Entscheidung hin in unbekannte Fernen bringen würde?

Es gab Dinge, die sie durch ihr eigenes Handeln beeinflussen konnte, und Dinge, auf die sie keinen Einfluß hatte. Letztere konnte sie annehmen im Glauben, daß es so gut und richtig war, von Gott geschickt und unabänderlich. Doch die anderen Dinge, die täglich von ihr Selbständigkeit abforderten, für deren Erfolg oder Mißerfolg sie allein verantwortlich war? Und jetzt, hier und heute, war dieser Weg vorgezeichnet?

Friedrich hatte ihr die Entscheidung abgenommen, er war die treibende Kraft gewesen; er hatte aufbegehrt gegen die Enge und Kleinheit ihres kargen Lebens. Vielleicht wäre er damals einfach weitergewandert, hätte er sich nicht in sie verliebt, und er wäre nicht in diesem kleinen Ort hängengeblieben. Und nun hatte sie sich irgendwie schuldig gefühlt, irgendwie war es wie eine Wiedergutmachung, daß sie seinen Plänen zugestimmt hatte, auszuwandern und das Glück in der neuen Welt zu suchen. So also zog das Schicksal seine Kreise. Hätte sie ihrem heimatverbundenen Gefühl nachgegeben und nein gesagt, sie wäre nie frei gewesen von diesem Schuldgefühl.

Juliane dachte später oft darüber nach, was gewesen wäre, hätte sie nein gesagt. Sie, die der Heimat so verbunden war, zufrieden mit ihrem bescheidenen Leben, mit Haus und Kindern und Verwandten, mit Frühjahr, Sommer, Herbst und Winter, mit Sturm und Regen, Sonne und Wind. Für sie, die sie nur aus der spärlichen Zeitung wußte, wie es in der großen weiten Welt zuging, die sich ihr höchstens einmal auftat, wenn sie mit der Eisenbahn in die nächstgelegene Stadt fuhr, was recht selten vorkam. Nie wäre sie auf den Gedanken gekommen, wegzugehen und auszuwandern. Erst als der Bruder Pläne geschmiedet hatte und schließlich mit seiner ganzen Familie der Heimat den Rücken gekehrt und sein Glück über dem großen Teich gesucht hatte, war sie aufgewacht, hatte entdeckt, daß es noch mehr gab als ihre kleine beschauliche Welt.

Und dann war Friedrich gekommen mit seinem Aufbegehren. Wie eng ihm diese kleinbürgerliche Welt doch sei, und wie unliebsam die Arbeit auf dem Bau. Oft hatte er sogar im Schlaf davon gesprochen. Sie hatte dann ganz still dagelegen und gelauscht, wie er von Land, Land, und wieder Land murmelte. Und von vielen Schuhen, die er machen müsse, und von Wärme und Sonne. Nichts von alledem war am Morgen dann da, wenn er sich erhob und sich beeilte, zur Baustelle zu kommen. Und wenn Juliane dann überzeugt war, sie würde standhaft bleiben und sich seinen Plänen, fortzugehen, widersetzen, so schluckte sie es doch schnell hinunter, wenn sie seine unglücklichen Augen sah, wenn er am Abend von der Arbeit heimkam, und sein Blick dann das Weite suchte und hängenblieb an der verblichenen Hauswand gegenüber, an der jegliche Perspektive abblätterte.

Die Möwen hatten die Annabella weit hinaus begleitet. Ihr Kreischen verfolgte sie, bis es im Wind verhallte und schließlich nur noch das gleichmäßige Stampfen und Schlingern zu hören war. Die helle Linie am Horizont war verschwunden, zugedeckt von schäumenden Wellen, die der Bug unaufhörlich zerteilte. Vorwärts, vorwärts stampften die Maschinen. Es gab kein Zurück mehr.

Juliane fröstelte und zog ihren Schal enger um die Schultern. Wie aus weiter Ferne kehrte ihr Blick zurück und blieb an ihren Kindern hängen, die plötzlich sonderbar still geworden waren. Eine Hand legte sich auf ihren Arm. Bittend sahen die Augen ihres Mannes in die ihren. Sehr beengt, aber erschöpft von den überwältigenden Eindrücken der letzten Tage schliefen sie in der ersten Nacht auf dem Schiff. Das ungewohnte Schlingern unter ihrer Schlafstatt schien sie einzulullen in wogende Kornfelder und duftende Wiesen, über denen der Wind sein unendliches Lied sang.

Die Stille, die in den folgenden Tagen auf der Annabella einkehrte, ließ ein beklemmendes Gefühl aufkommen. Es legte sich wie ein Panzer um die Brust und drückte schwer. Die Beine waren wie Blei, als wollten sie nicht begreifen, daß diese schwankenden Bohlen nur ein Übergang waren. Alles war fremd und neu, keine Täler und Hügel mit Wiesen und Weinbergen, nur graues, unendliches Meer, soweit man auch sah. Am Morgen stieg eine blaßgoldene Sonne aus dem Grau und zauberte eine glitzernde Strahlenkette bis zum westlichen Horizont, hinter dem sie am Abend ins scheinbare Nichts wieder eintauchte. Dazwischen lag der Tag, und nichts als unergründliches Wasser.

Langsam gewöhnten sie sich an ihre Umwelt, nahmen Einzelheiten im Tagesablauf auf einem Schiff wahr, und versuchten, sich einzufinden und nützlich zu machen.

Am dritten Tag kam Sturm auf. *"Nichts zu befürchten"*, meinte der Kapitän und kniff die Augen zusammen, *"nichts als eine steife Brise"*!

Die Kinder fanden es zuerst lustig, daß plötzlich die Teller und Becher vom Tisch rutschten und rasch die brettförmige Umrandung hochgeklappt wurde, während Löffel, Gabel und Messer an die Kette gelegt wurden. Das war nun mal ein echtes Spiel, worüber man lachen konnte! Aber der Wind hob sich zum heulenden Sturm. Den seeungewohnten Menschen zog es den Boden weg unter den Füßen.

Als sich Juliane am Morgen von ihrem Lager erheben wollte, prallte sie rückwärts gegen die Koje, an der sie ihren Kopf blutig schlug. Unmöglich, einen Fuß auf den Boden zu setzen.

Friedrich erging es nicht besser. Die Kinder heulten. So lagen sie alle fünf in den schaukelnden Kojen, während der Sturm draußen tobte und pfiff und mit lautem Klatschen gegen das Bullauge wetterte; fest hielten sie sich umschlungen und wähnten ihr letztes Stündlein gekommen. Haushohe Wellen schlugen über dem Schiff zusammen. Das kleine Bullauge schien inmitten eines Strudels zu liegen.

Der Kapitän selbst schaute nach seiner wertvollen Fracht, brachte trockenes Brot zum Kauen, das gegen die Seekrankheit helfen sollte. Aber weder trockenes Brot noch sonst etwas brachten die Leidenden über die Lippen; der Magen schien sich konstant umgedreht zu haben.

Besonders die kleine Marie hatte es erwischt. Blaß und teilnahmslos lag sie in ihrer Ecke, als wäre kein Blutstropfen mehr in ihr. Die Matrosen, die die Kinder längst ins Herz geschlossen hatten, guckten immer wieder nach den Kranken. *"Werden Euch doch auch rüberkriegen..."* *"Nichts gewöhnt, die Landratten!"*, brummte der Kapitän, guckte dann aber doch besorgt, als er die kleine Marie sah. *"Mama, wann hört denn das Schiff auf zu wackeln?"* fragte Friederike verzweifelt. *"Mach doch, daß es ruhig wird!"* bettelte Christiane und mußte sich zur Bekräftigung übergeben. Die Lagerstatt und alles um sie schien sich umzudrehen und sie selbst mitzureißen. Es schien kein Ende zu nehmen, dieses Inferno da draußen. Die Übelkeit verhinderte jegliches Denken, es benahm die Sinne und die Gedanken an die Untiefe unter ihnen. Nichts gab es zu tun, außer zu warten und zu liegen. Einer der Matrosen brühte Tee mit Rum und ließ die Kinder daran nippen. *"Pfui, ist das aber scharf!"* Aber es half doch ein wenig.

Endlich, am fünften Tag, legte sich der Sturm. Eine unsagbare Stille bedeckte alles. In der folgenden Nacht schliefen sie sich gesund. Der frische Seewind blies den letzten Rest der Übelkeit fort. Blaß, aber standfest kamen die Passagiere wieder zum Vorschein. Die Kinder turnten an Deck. Juliane sprang herzu, konnte vor Schreck kaum einen Fuß rühren, wenn die Kinder der Reling zu nahe kamen. Weit dehnte sich die wieder ruhige See, nichts als glitzernde, graublaue Weite, nichts als Wasser, das man nicht einmal trinken konnte.

Friedrich machte sich nützlich, wo immer er konnte. Alles Schuhwerk an Bord setzte er instand während dieser Reise. Nur gut, daß er die Kiste mit dem Werkzeug beim Verladen der Sachen ganz besonders im Auge behalten hatte!

Juliane machte sich in der Kombüse nützlich. Täglich half sie dort dem Koch, das bescheidene Mahl zuzubereiten. Alles mußte für diese Wochen, die sich endlos dehnten, wohlweislich eingeteilt werden. Sie half, wo sie konnte, und man spürte die pflegende Hand einer Frau, wenn alles sauber aufgeräumt war und glänzte. Aber trotzdem blieb Juliane viel Zeit für ihre Kinder, Zeit, die sie zuhause nie gehabt hatte. Wäre dieses ewige Schlingern und die schwankenden Bohlen nicht gewesen, und das uferlose Wasser, es hätten wundersame Ferienwochen sein können; nie erahnte Ferien mit der ganzen Familie, was unausdenkbar gewesen wäre in der alten Heimat.

Sie kamen gut zurecht auf dem Schiff. Die wenigen Menschen bildeten eine große Familie, und Juliane und die Mädchen als einzige weibliche Passagiere brachten Abwechslung in die rauhe Männerwelt. Oft saßen sie am Abend beieinander, die Matrosen spielten Mundharmonika, die Kinder auf dem Schoß, während das Schiff immer weiter stapfte, scheinbar ziellos und verloren in der unwahrscheinlichen Weite.

Einmal sichteten sie Haie. Gefährliche Tiere, wenn man ihnen zu nahe käme. Erschreckt faßte Juliane die Kinder an den Händen; das graublaue Gewimmel, das dem Schiff im Auf und Nieder folgte, ließ sie erschauern. Aber dann verloren die Haie anscheinend jegliches Interesse an dieser Nußschale von Schiff und wandten sich ab.

Besonders interessierte Friedrich sich für des Kapitäns Tun. So oft er es ermöglichen konnte, war er auf der Brücke. Ein Schiff zu manövrieren, das hatte ihn schon immer interessiert! Irgendwann war ihm dann auch aufgefallen, daß der Käpt'n manchmal nicht ganz nüchtern war. Einmal hatte er die Flasche rasch vor Friedrich zu verstecken gesucht. Friedrich war dies nicht ganz geheuer; ihrer aller

Leben hing von der Sicherheit dieses Frachters ab, der wohl schon manchen Sturm gesehen hatte.

Kurz vor dem Ziel war es dann, als sie noch einmal von einem Sturm überrascht wurden. Die Ladung der Annabella war für New Orleans bestimmt. Die außergewöhnlichen Passagiere würden von dort einen Weg finden nach San Antonio, wo Bruder David sie erwartete.

Es war zwei Tage vor der voraussichtlichen Ankunft, als sich das Wetter änderte. Dunkle Wolken schoben sich am Horizont hoch und türmten sich zu Gebirgen, schossen Blitz und Donner auf die kleine Nußschale da unten. Die Annabella bäumte sich auf und wehrte sich, warf in ihrem Bauch die kleinen Menschenwesen durcheinander.

Der Kapitän nahm's gelassen. Für ihn war das nichts. Eine kleine Unpäßlichkeit, die man am besten mit einem Schluck aus der Pulle überwand. Friedrich beobachtete den Käpt'n. Tat so, als becherte er eifrig mit. Unten lag seine Familie in den Kojen, betete. So weit waren sie gekommen! Jetzt, kurz vor dem Ziel sollten sie noch einmal in solche Gefahr geraten? Friedrich kam nach unten. *"Verhaltet Euch alle ruhig. Bleibt brav unten!"* Er sprach mit Juliane, die beruhigend die Kinder in den Arm nahm. Wenn das nur gutging! Sie hatte ihrem Mann sein Vorhaben ausreden wollen, aber der hatte abgewinkt: *"Laß mich! Ich mach' das schon!"* Unternehmungslustig hatten seine Augen geblitzt. *"Hast Dir wohl Mut angetrunken..."*

Friedrich trug jetzt einen wochenalten Seemannsbart; seine blonden Haare waren zu einem Wuschelkopf angewachsen. Das wettergegerbte Gesicht verlieh ihm einen verwegenen Ausdruck. *"Wart' nur..."* Was hätten sie auch anderes tun können! Schritt für Schritt hangelte sich Friedrich nach oben. Eine schreckliche Nacht, die kein Ende finden wollte. Die Kinder weinten und klammerten sich an die Mutter. *"Aufhören soll es..."*

Es ist überliefert, daß Friedrich Daniel Zacher in dem Sturm auf dem Meer der Besatzung des Frachters ein echter Beistand war. Der Kapitän sei so betrunken gewesen, daß er das Schiff nicht mehr navigieren konnte und Friedrich so Gelegenheit bekam, den Kurs zu ändern und Galveston anstatt New Orleans anzulaufen. Inwieweit Friedrich von der Mannschaft dabei Unterstützung erhalten hatte, ist Legende geblieben.

Ianthe, die Urenkelin, schreibt: *"Wir haben uns oft gewundert, wie der Urgroßvater es fertigbrachte, ein. Schiff zu navigieren. Urgroßvater Friedrich Zacher war Schuhmacher und Lederarbeiter von Beruf, und er konnte die wunderbarsten Sachen aus Leder machen und die besten Schuhe fertigen. Aber er muß noch viele andere Fähigkeiten gehabt haben..."*

In seiner neuen Heimat wurde Friedrich Daniel Zacher ein geachteter Mann. Schwäbischer Fleiß und Tüchtigkeit verhalf der Familie zu Ansehen und Wohlstand. Als Friedrich Zacher und seine Frau Juliane im relativ hohen Alter von über siebzig Jahren um die Jahrhundertwende starben, hinterließen sie ein beträchtliches Vermögen und zwei Häuser, die heute noch in San Antonio stehen.

In Galveston im Golf von Mexiko legte die Annabella an, und die Auswanderer betraten amerikanischen Boden. Juliane trug die kleine Marie auf dem Arm, Friedrich hielt die beiden Mädchen, Friederike und Christiane, fest an den Händen. Eine warme Sonne sandte ihre Strahlen, ein lauer Wind hieß die Familie in der neuen Heimat willkommen.

Es gelang, die Formalitäten rasch zu erledigen. Die Auswanderer waren nach dem Sturm Opfer einer höheren Gewalt geworden und die Kursänderung dadurch erklärbar. Auch bürgte ein Verwandter für die neu Angekommenen.

Die Habe der Familie wurde ausgeladen und neu verstaut. Den Rio Grande fuhren sie flußaufwärts bis nach San Antonio, wo es ein herzliches Wiedersehen mit dem Bruder von Juliane und dessen Familie gab.

Land in Sicht!

Weiß schäumt die Gischt - und plötzlich schlägt die Brandung an felsige Küste. Weiter unten schimmert türkisblaues Meer und hebt sich in sanftem Bogen in der malerischen Bucht. Dahinter Palmen im Tiefblau des Himmels. Vage türmen sich Hügel in der Ferne, lassen das Paradies erahnen. Nur erahnen...

Der Anfang war nicht leicht! Wohl war der Weg geebnet oder zumindest aufgezeigt gewesen von den Verwandten. David Wilhelm hatte Land erworben, viele *"Äcker"* (acre, die Maßeinheit für das, was man an einem Morgen hinterm Pflug abschreiten konnte). Nun nannte er viele acre sein eigen, sandige und dornige, kaktusbestandene und fruchtbare, Pinienwälder und Palmen.

Sie brachten ihr Erbe mit sich, machten drüben weiter, wie sie es von daheim gewohnt waren, nur eben unter anderem Himmel; obwohl der Himmel war immer der gleiche, und auch die Menschen blieben sich gleich, nur die Gewohnheiten hatten sich zu ändern. Das, was zählte, Fleiß und Tüchtigkeit und Ehrlichkeit, das was gewachsen war von Anfang an, das hatte Bestand und ließ sie immer wieder anfangen, allen Schicksalsschlägen zum Trotz. Im Sommer war die Hitze unbarmherzig und fast unerträglich. Wenn die Winde kamen, die alles austrockneten und den guten Boden forttrugen. Oder im Winter die Stürme und der Regen.

(Wie sehr wunderte ich mich hundert Jahre später bei meinem Besuch. Wie sie so brav und bieder geblieben waren, ihre schwäbische Gründlichkeit von Generation zu Generation weitergetragen hatten. Man hätte die Großbasen und Großvettern allesamt für waschechte Schwaben halten können, hätten sie nur schwäbisch und nicht englisch gesprochen.)

Die mitgebrachte Habe war eine große Hilfe. Nur die warmen Kleidungsstücke, die wurden bald überflüssig.

Endlich bekam Friedrich seine eigene Werkstatt, und bald war diese ihrer guten deutschen Wertarbeit wegen weithin bekannt. Seine Frau Juliane stand ihm treu zur Seite, und auch die drei Mädchen trugen ihren Teil bei.

Alles schien größer in diesem Land, die Schuhe und Stiefel, die Peitschen und Geschirre. Und das Leder, das so vielfältige Möglichkeiten bot.

Oft ging Friedrich vor seine Werkstatt und atmete tief die warme Luft ein; es gab ihm jedesmal ein Gefühl der Freiheit und der Unabhängigkeit, es half, zu siegen über die schweren Gedanken an die alte Heimat. Die Arbeit half, das Heimweh zu überwinden, das mit unbarmherziger Härte zuschlug. In der Nacht träumte Juliane von daheim, und immer war das große Wasser dazwischen wie eine stürmische Wand. Am Morgen aber schien eine rotglühende Sonne über heißes, sandiges Land, und der Blick fiel auf rote Sandhügel mit ausladenden Kakteenbüschen. Der Tag trug dann die Sehnsucht weg, verscheuchte die heimwehkranken Gedanken und brachte mit der nie endenden Arbeit wohltuende Müdigkeit.

Am wenigsten hatten die Kinder unter dem Heimweh zu leiden. Friederike mit ihren fast acht Jahren war sich noch am meisten der alten Heimat bewußt, während die fünfjährige Christiane und erst recht die zweijährige Marie bald den Ort ihrer Geburt nur noch vom Hörensagen kannten

Es ist etwas Sonderbares, Unbeschreibliches um das Heimweh, das nur der zu deuten vermag, der es selbst durchgestanden hat in seinem Leben. Den einen droht es zu ersticken, der andere tut es einfach weg und vergißt es. Den einen verläßt es nie und sucht ihn immer wieder heim, den anderen verläßt es einfach, um nie wieder zu erscheinen. Der eine glaubt, es müsse ihm das Herz sprengen, und er würde es nie und nimmer überwinden, der andere löst sich einfach davon.

Sie wußten, daß der Weg zurück unmöglich war, die Brücken hinter ihnen abgebrochen waren. Und doch, die Hoffnung blieb, einmal doch wieder heimzukommen, die Heimat noch einmal zu sehen.

Es war Friedrich und Juliane nicht vergönnt, nicht ihren Kindern. Erst deren Enkelkinder fanden den Weg zurück in die Heimat ihrer Ahnen. Die Technik und deren Wunder hatten es möglich gemacht.

Schwierigkeiten gab es natürlich mit der Sprache. Die Amtssprache war englisch, und keiner von ihnen verstand bei ihrer Ankunft auch nur ein Wort. Und obwohl viele vor ihnen gekommen waren und die Anfangsschwierigkeiten längst überwunden hatten, war die Sprache eine fast uneinnehmbare Barriere. Es gab Mißverständnisse, Tränen.

"Das lern' ich nie!" schrie Juliane entnervt, als sie vom Einkaufen kam. Am leichtesten taten sich da die Kinder; die quasselten bald ein lustiges Kauderwelsch, oft kamen die dümmsten Sachen dabei heraus, worüber man herzlich lachen mußte. Wohl wuchsen die Kinder zweisprachig auf, aber einmal in der Schule, mußten sie sich auf die Landessprache konzentrieren, und die Muttersprache geriet ins Hintertreffen. Von den Kindern lernten es die Alten im Laufe der Zeit, als die Jahre ins Land gingen und sie seßhaft wurden.

Der erste Winter in der neuen Heimat brachte zwar keinen Schnee, dafür aber einen Sandsturm, der alles unter sich zu begraben drohte. Überhaupt gab es viel Wind, der sich zum Hurrikan auswachsen konnte und ganze Siedlungen zerstörte, Bäume umwarf und entwurzelte, wo er seine Schneise zog. Das hügelige Land um San Antonio hielt den Wind und sein Sandgefolge zwar in Grenzen, aber auch die Menschen in ihren Behausungen Der Sand drang durch jede Ritze und setzte sich in Mund und Nase fest. Es hatte Tage gedauert, bis sich der Sturm wieder gelegt hatte; Erinnerungen an die Zeit auf der Annabella wurden schmerzhaft ins Gedächtnis gerufen.

Das erste Weihnachten!

Briefe von daheim waren gekommen; sie waren rechtzeitig aufgegeben worden. Nun lagen sie als kostbarstes Geschenk unter dem stacheligen Pinienbaum, der als Christbaum diente.

Juliane hatte mit den Kindern aus Abfällen in der Werkstatt Weihnachtsschmuck gebastelt, und auch heuer hatten sie zusammen Gutsle gebacken. Aus Nüssen und anderen Zutaten, nach altem schwäbischem Rezept, sorgfältig in Handschrift geschrieben, und mitgebracht von daheim. Auf riesigen Bäumen wuchsen die Peekans, Walnüsse, nur viel größer als daheim im Schwabenland. Und es gab Kokos und Mais und Reis und Rohrzucker aus Zuckerrohr und viele andere wohlschmeckende Dinge, die es nur auszuprobieren galt.

Auch an diesem ersten Christtag waren sie in der Kirche gewesen. Unter den ersten Siedlern hatte sich eine große Anzahl Deutsche befunden. Am Anfang lebten sie in Holzhütten, bauten aber bald feste Häuser, und sie bauten ihre eigene Kirche, gründeten ihre eigene Kirchengemeinschaft. Auch wenn sie weit entfernt voneinander wohnten, so scheuten sie doch nicht große Entfernungen, um an Sonntagen und Festtagen zusammen zu kommen und die Gemeinschaft zu pflegen. Die Predigt erfolgte in deutscher Sprache und die Lieder, die gesungen wurden, stammten aus den mitgebrachten heimatlichen Gesangbüchern. In dieser Gemeinsamkeit sammelten sie neue Kraft, sie gab Halt und Schutz in schweren Tagen.

Miteinander sangen sie die alten Weihnachtslieder und hängten den Mistelzweig über die Türe, wie es hierzulande Brauch war. Heuer kam der Santa Claus und nicht mehr der alte Pelzmärte, mit dem der Santa Claus aber sehr viel Ähnlichkeit hatte. Friederike und Christiane wunderten sich sehr darüber, und ein wenig trauten sie der Sache nicht mehr. Schließlich konnte der Santa Claus oder der Pelzmärte doch nicht so weit fliegen! Einen Schlitten hatte der zwar auch, aber der Schnee war nur auf den Bildern und hierzulande recht selten.

Das Heimweh drückte in diesen Tagen besonders schwer. Während die Kinder fröhlich umhersprangen und sich wie immer auf das Christkind freuten, gingen Juliane und Friedrich gedankenverloren ihrer Arbeit nach; so viel gab es noch zu tun, um das Dach über dem Kopf zu einem richtigen Heim werden zu lassen.

Friedrich hatte die einzelnen Bretter der mitgebrachten Schränke geschickt wieder verleimt. Fast war es wieder die alte Wohnstube mit der einstigen Vertrautheit. Tief in ihrem Innern wußten beide, daß es richtig gewesen war, neue Wege zu suchen. Ein Samenkorn, vom Wind übers weite Meer getragen, um dort Wurzeln zu schlagen und zu einem stattlichen, weit verzweigten Baum heranzuwachsen. An diesem ersten Weihnachten fanden sie sich zusammen, um Dank zu sagen für die Bewahrung in den Stürmen der Überfahrt und für den glücklichen Anfang im neuen Land. Immer wieder wurden die Briefe gelesen von daheim. Selbst der mächtige Ozean schrumpfte dann zu einem kleinen See zusammen, den man in Gedanken überspringen konnte. Und sie machten eine wunderbare Erfahrung: überall gab es Menschen, und überall ging es weiter, wenn man nur wollte und zusammenhielt.

Aus Aufzeichnungen

Die ersten, die ins Land kamen, die den Weg bahnen mußten für die Nachkommen, fochten einen harten Kampf. In dem noch unbesiedelten Land mußte ganz von vorne begonnen werden. Alles, was zum täglichen Leben erforderlich war, mußte von Grund auf neu beschafft werden. Mit wenig Hilfe, ohne Maschinen, mit eigener Kraft und der Hände Arbeit. Die Hausarbeit, das Kochen auf offener Feuerstelle, Wäschewaschen und Reinigen der Wohnung, die Arbeit in Feld und Garten, alles erfolgte in Handarbeit. Die großen Farmen wurden mit Pferdestärken bewirtschaftet, bevor die Traktoren übernahmen, und man möge sich die Tagesarbeit eines solchen Farmers vorstellen, verglichen mit der seitherigen Landwirtschaft in seiner alten Heimat. Nicht jeder war zum Farmer geboren, und manche konnten sich in dem fremden Land, das so grundverschieden von ihrer Heimat war, nicht zurechtfinden, hatten keine glückliche Hand und mußten das erworbene Land wieder verkaufen.

"Als ich 1871 hier ankam, gab es noch keine Straßen und Wege, nur Prärie. Wir machten unsere eigenen Wege, gruben unsere eigenen Brunnen. Und jedes Jahr begannen wir mit dem, was wir im Vorjahr erwirtschaftet hatten, von neuem, und manchmal gab es keinen Gewinn. Aber jedes Jahr begannen wir mit neuer Hoffnung und verließen uns auf uns selbst und auf Gott. Mangels Erfahrung lernten wir aus Büchern. Da gab es Rezeptbücher nicht nur für das Kochen, sondern auch für Dünger, wie man wilde Pferde zähmt, wie man mit Eisen umgeht. Rezepte für Mixturen und Salben zur Behandlung von Mensch und Tier, und wie man heißes Temperament kühlt. Wie man Bier und Butter macht, Schmerzkiller zum Zähnerausziehen, wie man Haare bekommt und Sommersprossen verschwinden läßt, Hausmittel zum Fiebersenken, Hustensaft und Gichtkuren, Einreibemittel bei Sonnenbrand und Hexenschuß, Fluids gegen Asthma und Kopfweh, Geheimtips für Angler und Jäger..."

Sie war zwanzig, als sie auswanderte. Dann heiratete sie einen Farmer und wurde Mutter von elf Kindern. Zwei davon starben im zarten Kindesalter, eines starb mit sechs, eines mit sechsundzwanzig, einer blieb im Krieg... Aber da ist noch mehr als Kinderkriegen für eine Farmersfrau: *"...du schälst Kartoffeln ab elf... du kannst den Wasserkessel nicht finden, aber du weißt, er ist im Stall gebraucht worden... dein lieber Mann, Kinn auf der Brust, schnarcht selig in der Kirche am Sonntagmorgen... ein Geburtstag, der Muttertag, gehen vorbei wie alle Tage... du sagst ihm, du bist wieder schwanger, und er fängt an zu rechnen, ob die Ernte eingebracht ist, wenn es soweit ist... Aber niemals würdest du tauschen mit einem Leben in der Stadt ..."*

"Hinzu kam der Kampf mit den Plagegeistern, wie Insekten und Heuschrecken. Chemische Bekämpfungsmittel gab es nicht. Es gab frisches Gemüse aus dem Garten, wenn dieses nicht vernichtet worden war durch höhere Gewalt, aber im Winter fehlte das Frischgemüse, und Mangelkrankheiten waren die Folge. Die Behausungen waren stickig im Sommer und kalt im Winter..."

"Oft habe ich gefragt: Herr, warum hast Du das zugelassen...?"

"Der Kirchgang am Sonntag war Selbstverständlichkeit. L... versäumte in zwanzig Jahren keinen Gottesdienst. Dann passierte etwas, was ihn aus der Fassung brachte: er sah den Lutheraner-Pfarrer rückwärts im Sattel auf seinem Pferd am Haus vorbeireiten, offenbar stockbetrunken. Farmer L. war so entsetzt darüber, daß er zu den Methodisten übertrat."

"Ein Farmer ist beides, ein Gläubiger und ein Fatalist. Seine größte Gabe ist, wenn seine Familie sein Leben teilt. Und wer kann schon aus seiner Hosentasche alle diese Dinge zutage fördern: ein rostiges Stück Türschloß, drei Ladungen Kugeln, einen Bleistiftstummel, und ein altes Rezept..."

"Farmer pflügen, säen, pflanzen, pflegen, düngen. Frauen helfen ihnen, kleine Buben folgen ihnen, Hände halten sie auf, Ämter bringen sie durcheinander, Essen wartet auf sie. Das Wetter kann alles verzögern oder zerstören, aber es braucht Urgewalt, einen Farmer zu hindern, Farmer zu sein..."

"Zuerst wurde der Barn, die Scheune, gebaut, bevor man an das eigene Dach über dem Kopf dachte. Der Barn war das Zentrum der Farm. Er beherbergte die Pferde, die mit ihrer Arbeitskraft halfen, die Felder zu bewirtschaften; der Barn war der Stall für die Milchkühe, die mit ihrem Produkt sofortige Kasse ins Haus lieferten; der Barn barg die Ernte von Getreide, Gemüse und Obst, das Heu für den Winter..."   "Später bauten sie feste Häuser aus roten Ziegelsteinen, *"Brickhouses"*, geräumige Häuser mit einem Kaminplatz. Schulhäuser und Kirchen entstanden, Läden und Geschäfte. Die Cowboy-Farmen zählten oft bis zu 1200 Tiere und Tausende von acres. Neben der Viehzucht wurde Mais, Weizen und Sojabohnen angebaut..."

"Die meist geräumige Küche war Mittelpunkt im täglichen Leben. Hier spielte sich alles ab, hier traf sich die Familie zu den Mahlzeiten um den großen hölzernen Tisch. In der Küche wurde Wäsche gewaschen, sie diente als Büroraum, die Kinder machten dort ihre Hausaufgaben. Am Samstagabend diente die Küche als Badezimmer. Ein großer hölzerner Zuber wurde in die Küche geholt, im Waschkessel heißes Wasser gemacht, und nacheinander wurde gebadet..."

"Montags war Waschtag. Alles wurde von Hand gerubbelt, gespült, ausgewrungen, und zum Bleichen ausgelegt oder auf die Leine gehängt. Am Dienstag wurde gebügelt, gleich neben dem Feuerherd, wo die schweren eisernen Bügeleisen heißgehalten wurden."

"An einem Tag in der Woche war Backtag, und das mag wohl der angenehmste Tag in der Woche gewesen sein, mit dem Duft des neugebackenen Brotes. Manchmal diente die Küche auch als

Krankenzimmer oder als Sozialraum. Wenn z.B. im Frühjahr die gefiederten Farmbewohner ihre Küken ausbrüteten und diese zum Ausschlüpfen einen besonderen Platz brauchten oder ein Schwein oder anderes Haustier besonderer Pflege bedurften. Aus der Schachtel beim warmen Herd kamen dann piepsende oder grunzende oder andere Laute, je nach Gattung des Pfleglings. "

"Am Abend las die Mutter immer aus der Bibel, auch wenn sie noch so müde war, und ihr die Augen zufielen."

"Es war keine große Sache, wenn man einen Zug verpaßte; da war der nächste am andern Tag, zur gleichen Zeit, in die gleiche Richtung." "Man zählte die Menschen, die einem begegneten von einer Behausung zur anderen, von einer Farm zur nächsten..."

"Waren es wirklich die guten alten Tage...?"

Es war immer ein Ereignis, am Samstagabend in die Stadt zu fahren.. *"Wenn wir das nächstemal in die Stadt kommen, kriegst Du ein paar neue Stiefel..."* Es blieb meist bei den Versprechungen.

Die Männer mit blassen Stirnen über einem wettergegerbten Gesicht handelten mit Neuigkeiten, mit neuen Rezepten für Verbesserungen an Düngemitteln und Tierpflege, bis alles in nie endenden Debatten über die Politik einmündete.

Die Frauen trugen ihre besten Kleider, aus Baumwolle und mit hübschen Blumenmustern. Sie trugen Sonnenbonnets und ihre Gesichter waren stets blaß, während die bloßen Arme sonnengebräunt waren. Sie tauschten Rezepte aus für Babypflege und Familiendinge und gaben gute Ratschläge für Haus und Stall...

"In Zeiten der Ernte war harte Arbeit rund um die Uhr gefordert. Die Farmer halfen einander aus, obwohl die Entfernungen oft Meilen betrugen. Wenn z.B. Dreschtag war und später nach getaner Arbeit alle zusammensaßen und Sorgen und Probleme teilten..."

"Die Kinder gingen zu Fuß in die Schule. Die Schule begann, wenn der Lehrer die Glocke im Schulraum zog. Alle Mäntel und Jacken wurden in den Cloakraum gehängt, ebenso Galoschen und Stiefel. Bevor der Unterricht in Ernsthaftigkeit begann, wurde ein Gebet gesprochen und ein Lied gesungen..."

Weihnachten sahen die Kinder ebenso erwartungsvoll entgegen wie einst ihre Eltern in der alten Heimat. Popcorn, Cranberries, Preiselbeeren und Walnüsse waren der Christbaumschmuck. Am Heiligen Abend hängten die Kinder ihre Strümpfe dazu und warteten geduldig, daß das Christkind bis zum nächsten Morgen all die wundersamen Sachen hineingetan hatte, Orangen und Äpfel, und vielleicht auch Süßigkeiten; oder eine hölzerne Puppe oder einen Eisenbahnwagen aus Holz, oder den alten vom Vorjahr mit neuer Farbe.

Es war eine Freude, die *"Long John Underwear"* auszupacken, um sie dann gleich anzuziehen. Sie roch so neu und hielt auch fest zusammen an den Gelenken. War die Wäsche aber ein paarmal gewaschen, fiel sie in sich zusammen zu einer grauen, formlosen Masse. Dann begann das endlose Problem des Rutschens und des Hochziehens..."

"Wunderland der Kindheit: aus einem Klumpen Erde einen Spielplatz zu formen, aus Zweigen und Ästen Brücken über Ströme und Bäche zu bauen, die es nur in der Vorstellung gab; in Sommernächten Cowboy zu spielen über eine imaginäre Herde. Die Maisfelder zu durchstreifen, und Sweetcorn zu essen "von einem Ohr zum andern..." von einem Ende zum andern. "Und das Wasser aus dem Gartenschlauch über die erhitzten Gesichter laufen zu lassen... Es schmeckte wie Schuhsohlen, aber es war wundervoll."

Feldpostbriefe aus dem Jahre 1855

...Der General Burkhardt hatte ihnen weisgemacht, sie sollen sich so gut schlagen wie den ersten Tag und den sechsten Tag, und dann trinken wie unsere Pferde bis zum nächsten Tag.

...Sie nahmen uns gefangen und trieben uns in den Fluß. Besoffen waren sie auch, und es ist ihnen mißlungen. Und so liegen wir da die ganze Nacht, alle zehn Minuten wird mit Notschüssen gefeuert...

Des Morgens am 7. April, da wurde die Schlacht vollends geschlagen, es war eine der blutigsten. Die Rebellen oder der Freund - sie fochten bis nachmittags vier Uhr verzweifelt.

...Wir verfolgten sie aber nicht weit genug, die Straßen waren zu schlecht. Geschlagen waren sie mit schweren Verlusten. Wir hatten alles zurückbekommen und noch viel mehr dazu, wie sie von uns genommen haben am ersten Tag. Der Verlust an Toten war angegeben zu fünfzehn- bis zu sechzehntausend, war aber noch größer als der unsrige...

...Die Leute liegen auf manchen Plätzen wie hingemäht, wir konnten manchmal nicht auf die Flanke kommen mit unseren Geschützen vor lauter Toten. Das Blut floß in Strömen. Dem einen fehlt ein Arm, dem anderen ein Fuß, und der dritte sagt: *"Schießt mich doch vollends tot..."*

...Unsere Toten wurden noch begraben, es war schauerlich anzusehen. Ich habe gesehen, wie sie zweihundert oder dreihundert in ein Loch scharrten. Die Schlacht war geschlagen und der Kampf beendet, und wir ruhen uns aus. Dann gehen wir ihnen nach, langweilig und verzögert.

...Wir haben viele Deutsche bei der Armee. Da ist ein General Siegel, ein Badischer. Das ist einer der besten Offiziere, die wir haben. Hätten wir lauter solche, so wären die schon lange geschlagen...

...Unsere Truppe hat Marschorder bekommen zu einem bedeutenden Platz. Dort soll eine Verbindung hergestellt werden mit den Eisenbahnen und dem großen Missisippifluß, um den Kriegsschiffen die Verbindung freizuhalten ...

Gelobtes Land

Friederike, Christiane und Marie Zacher wuchsen auf in San Antonio. Texas wurde ihre Heimat.

Christiane heiratete mit 21 Jahren, und vier Kinder wurden nacheinander geboren. Das letzte aber kostete der Mutter das Leben. Der Witwer vermählte sich wieder, und zwar mit Christianes älterer Schwester Friederike. Dem Ehepaar wurde ein weiteres Kind, ein Sohn, geboren. Friederike war den Kindern eine gute Mutter.

Marie, die als zweijähriges Kind ihren Geburtsort verlassen hatte, erinnerte sich später nur noch vom Hörensagen und Erzählen an die alte Heimat. Maries Muttersprache war englisch, wenn sie auch bis ins hohe Alter einige schwäbische Redewendungen behalten hatte. Nach der Schule erlernte sie den Beruf einer Schneiderin. Enkelin Ianthe erinnert sich: *"Grandma war sehr geschickt im Nähen und Schneidern; sie nähte Kleider und Mäntel, Vorhänge und Tischtücher und Bettbezüge, und wurde bald zum Mittelpunkt in diesen Dingen und gerne um Rat gefragt. Sie half ihrem Mann, einem Sattler und Polsterer, Sessel und Stühle zu beziehen und war nie untätig. Grandma war sehr ordnungsliebend. "Tu jedes Ding an seinen Ort, erspart viel Zeit und böse Wort"' pflegte sie zu ermahnen; sie war dafür bekannt, daß alles seinen Platz hatte. Grandpa machte mir eine Puppenstube, und Grandma nähte die kleinen Deckchen und Vorhänge, und polsterte die zierlichen Stühle und Matratzen..."*

An die Weihnachten erinnert sich Ianthe besonders gut. Da gab es am Heiligen Abend bei der deutschen Großmutter und am Weihnachtsmorgen dann Bescherung bei den aus dem Elsaß eingewanderten Großeltern.

Marie Zacher lernte ihren künftigen Mann nicht unterm Holderbusch kennen, sondern unter Kakteen und Palmen. Eigentlich war das ein Mißverständnis gewesen. Marie hatte eine Verabredung mit einem anderen jungen Mann gehabt, der aber aus irgendwelchen Gründen nicht auftauchte. Dafür war da ein junger Mann namens Alois Wipf, dessen Eltern aus dem Elsaß nach Texas eingewandert waren. Das Schicksal spielte mit, die Notlösung wurde zur Bindung. - Der Sohn Ernst Alois Wipf ist der Vater von Ianthe.

Juliane und Friedrich Zacher, im Jahre 1871 nach Texas gekommen, begründeten in der neuen Heimat eine heute reichverzweigte Familie. Ihre beiden überlebenden Töchter erreichten ebenfalls ein hohes Alter. Ein Foto, aufgenommen um 1950, zeigt zwei liebenswerte ältere Damen, dunkel gekleidet, auf einem Bänkle sitzend unter einem Baum, als wäre es unter einem Apfelbaum in der schwäbischen Heimat.

Im Jahre 1876 hatte es allerdings ein schweres Unglück gegeben, das die Familie Schube in Texas bitter traf: David Wilhelm Schube, 1866 als Vorreiter nach Texas gekommen, war im San Antonio River ertrunken. Es hatte einen Unfall gegeben, und David war beim Bemühen, zu helfen und zu retten, selber ein Opfer geworden und umgekommen.

So blieben sie von Schicksalsschlägen nicht verschont, durften aber in der neuen Heimat reiche Wurzeln schlagen und ihre von Gott gegebenen Gaben zu Nutz und Frommen ihrer Nachkommen und Zeitgenossen einbringen. Nie aber haben sie ihre deutsche Heimat und ihre schwäbische Beständigkeit verleugnet, die der Enkelgeneration bis heute zum Segen gereicht.

Hochzeitsfoto

John Louis Wipf und
Marie Dorothea Zacher
(als Zweijährige ausgewandert,
die "kleine Marie" 1869 - 1957)

Zwei Schwestern

links Friederike
* 1863 in Bönnigheim + 1947
rechts Marie Dorothea Zacher
verheiratete Wipf
(siehe oberes Bild)

Das Goldene Tor

Buch II

Aufbruch - 1926

Für die Häusser-Familie

Bönnigheim - Durchblick zur Burg   Dr. Bozenhardt

- Aufbruch - 1926

Gelangweilt starrte der junge Mann in den Himmel.

Er saß auf der hinteren Hausstaffel, die über den Hof zur Scheuer und den Ställen führte. Seine Augen folgten einer Schwalbe, die über das Stalldach hinweg senkrecht in den Himmel hochflog, um dann plötzlich und unvermittelt wieder hinabzutauchen und dem Blick zu entschwinden.

Hinter einer dunkelgrauen Wolke tauchte die Sonne auf und verzauberte urgewaltig den tristen Morgen in ein Märchenland aus goldenen Sonnenfäden, wobei sie das staubige Gemäuer in glitzernde Edelsteine verwandelte.

Ein gurgelndes Geräusch, dem ein Plätschern aus der Abflußrinne in den Kandel am Straßenrand folgte, riß den jungen Mann aus seinen Träumen. Was hinter diesen Dächern lag, das wußte er, dort kannte er jeden Winkel und jedes Gäßchen und jeden Stein und auch die Schwalbennester. Die hatten unterhalb des Dachvorsprungs fast an jedem Haus ihre Bleibe. Aber doch nur im Frühling und Sommer; im Herbst zogen sie fort, dorthin, wo es wärmer war.

Was wußte er denn von dieser anderen Welt, von dem, was hinter diesen engen Straßen und dichtgedrängten Häusern, weit hinter dem Horizont lag? Es mußte mehr geben als die Enge des Heimatortes, da mußte mehr sein, viel mehr.

Christian war hier geboren worden. Dies war seine Heimat, und hier waren sie alle zuhause gewesen, alle, die vor ihm dagewesen waren, bis hin zum Urahn, dessen Weg man zurückverfolgen konnte. Aber waren sie denn alle zufrieden gewesen, hatten sie nie den Drang verspürt, hinter diese Dächer zu schauen? Sicherlich hatten sie das, aber den Füßen waren Grenzen gesetzt, und sie hatten sich gefügt. Er selbst war noch nicht weit herumgekommen, in die nächstliegende Stadt wohl, mit der Eisenbahn, oder mit einem der spärlichen Autos, wenn die einen mal mitnahmen.

Es hatte wieder einmal Ärger gegeben, nicht zum erstenmal.

Gestern war Sonntag gewesen und Christians Geburtstag obendrein, und der Übermut der jungen Leute hatte wieder einmal Blüten getrieben. Zu Fuß waren sie losgezogen, irgendwohin. Ein Lastauto, recht selten in jenen Tagen, hatte sie dann aufgeladen und in die Stadt gebracht. Stadtgehabe war zwar nicht ihre Art, aber Abwechslung zum alltäglichen Landleben bot es immerhin, zumal an einem Sonntag, wo man nicht an Arbeit denken mußte. Und Geld hatten sie ja ohnehin keines, so fiel es auch leichter, daß die Läden geschlossen waren, und man die unerschwinglichen Dinge nur von außen betrachten konnte.

Solche Ausflüge pflegten stets in einem Biergarten zu enden, bei harmloser oder auch nicht ganz harmloser Fröhlichkeit.

Bei einem Glas Bier konnte man reden, reden über das, was einen bedrückte, man hatte Gleichgesinnte. Und wenn man sie auch nicht los wurde, die Kümmernisse, so hatte man doch erfahren, daß man nicht allein war, daß es anderen ebenso erging. Es gab Pessimisten genug, aber auch Leute, die einen mit ihrem Optimismus ansteckten, die auf der Mundharmonika eine fröhliche Weise spielten. Alles wurde leichter damit. So ganz allein waren sie dann nicht mehr gewesen, als sie den Weg zurück unter die Füße nahmen.

Als ein Auto an ihnen vorbeigefahren war, hatten sie eifrig gewinkt und um Mitnahme gerufen. Der im Auto hatte aber nur gelacht und war mächtig an ihnen vorbeigezischt. Dann war aber noch einer gekommen, und der hatte sich ihrer erbarmt; so waren sie doch noch zu christlicher Zeit daheim angekommen.

Jedoch hatten sie unterwegs auf Rache gesonnen; dem, der so stolz an ihnen vorbeigebraust war, wollten sie es heimzahlen! Und jener stolperte dann am Morgen, als er aus dem Haus treten wollte, recht schmerzhaft über die Zacken einer Ackeregge, was sich wiederum in Zornes- und Rachegelüste verkehrte.

Das erstemal war es ja nicht gewesen, daß die Ortsgewalt in den Häusern am Montagmorgen vorstellig wurde, derartigen Schabernack der jungen Burschen als nicht mehr zumutbaren Unfug anmahnte und zum wiederholten Male handfeste Strafe androhte.

Christian hatte den Ordnungshüter kommen sehen und war schleunigst zur hinteren Türe ausgewichen. So blieb es an der Mutter, wieder einmal gut Wetter zu machen und Besserung ihres Sohnes zu geloben, er hörte sie drinnen laut reden und auch seufzen. Obwohl er innerlich lachte, wurmte es ihn doch gewaltig, daß die Mutter herhalten mußte. Ihr hatte er nie Kummer bereiten wollen. Aber das war eine andere Sache und einfach nicht vereinbar mit seinem Übermut und dem der Kameraden.

Vor kurzem war ihr Jahrgang gemustert worden. Das war ein ganz wichtiger Tag gewesen, obwohl eigentlich keiner der Beteiligten so recht wußte, warum.

Auf einen Lastwagenanhänger waren Bänke gestellt worden, frisches Birkengrün war rundum aufgesteckt gewesen, und mit bändergeschmückten Hüten waren sie singend in die Stadt zur Musterung gefahren. Musterung, das hieß tauglich oder nicht tauglich für den Militärdienst, der ein neues Leben versprach: Abwechslung und Ausweg aus der Arbeitslosigkeit, die den Inflationsjahren gefolgt war, und vielleicht war da auch ein Weg für später, in einer Militärlaufbahn oder ähnlichem, wie die der Offiziere, die in ihren ordenbeladenen Uniformen die Musterung vorgenommen hatten. Ein Lastwagen voll singender und übermütiger junger Burschen war es dann gewesen, der abends wieder in den Heimatort einrückte. Es hatte wohl jeder seine Begeisterung in irgend etwas Geistiges umgesetzt, ob er nun tauglich war oder nicht, mutig und tapfer, oder tief drinnen gar nicht. Nicht tauglich, das hieß irgendwie eine Abwertung des Männlichen; und war er auch ganz im Stillen darüber froh gewesen, er hätte es niemals zugegeben. - Am Ortseingang waren sie dann empfangen worden wie Helden, manches zarte Mädchengesicht rötete sich vor Stolz. Manches Fenster öffnete sich, wenn der Wagen mit seiner musizierenden Fracht vorbeizog.

Christian und sein Bruder waren gleichzeitig gemustert worden; sie waren ja auch nur ein knappes Jahr im Alter voneinander entfernt. Beide waren sie für tauglich befunden worden. Ein Fotograf hatte das Ereignis im Bild festgehalten. Nebeneinander stehen sie inmitten der jungen Burschen, ein Bild strotzender Jugend und Manneskraft, als könnte nichts die Tatsache trüben, jetzt endgültig zum Manne gereift zu sein. Jeder der jungen Männer trug seine besten Kleider, und bunte Bänder flatterten vom Hutrand.

Jahre später sollte sich dann das Bild wandeln in Uniform und Stahlhelm, das Gewehr geschultert, eine Kompanie ausgerichtet in Dreierreihen und Marschtritt. Vorbei die Zeit der Bänder und Blumen, die Tauglichkeit zur Vaterlandsverteidigung war zur blutigen Pflicht geworden.

Hinter dem Giebel tauchte das Schwälblein wieder auf. Zwitschernd zog es ein paar Kreise und verschwand dann im Nest dicht unter der Dachrinne. Von dort kam gefräßiges Zirpen. Gleich darauf erschien die Schwalbenmutter wieder, um erneut auf Futtersuche zu gehen.

Warum nur mußte er hierbleiben und zusehen, warum konnte er, Christian, nicht ebenso wie die Vögelein seine Schwingen erheben und einfach wegfliegen? Weg von diesem tristen Alltag, weg von dieser Enge, weg von dieser Miste, die sich da türmte, vor fast jedem Haus in der Gasse?

Von drinnen kamen ärgerliche Rufe. Die Mutter rief nach ihm. Er hörte es wohl, machte aber keine Anstalten, seinen Platz auf der Staffel zu verlassen. Der Amtsmensch würde gehen und wohl auch wiederkommen beim nächstenmal.

Noch einmal rief die Mutter, zorniger, lauter. Doch glaubte Christian den winzigen weichen Unterton wahrzunehmen, den nur er verstand. Nein, ihr wollte er nicht wehtun! Der Gedanke, daß er die Mutter wieder vorgeschoben hatte, für ihn einzutreten, drückte schwer.

Schon wollte er sich erheben und doch noch hineingehen, da hörte er von drinnen verabschiedende Laute, die ihm ebenso wohlbekannt waren wie sie erlösende Gefühle hinterließen. Er ließ sich wieder zurückfallen auf seinen Sitz und wartete, bis drinnen alles ruhig wurde. Leise ging er dann zur hinteren Küchentür und öffnete sie einen Spalt. Die Mutter saß am Küchentisch und hatte den Kopf auf die Arme gelegt. Christian trat rasch hinter sie und legte den Arm um ihre Schultern. Sie hob den Kopf, und die Schelte, die ihr den Nakken heraufkroch, erstickte im schelmischen Blick ihres Sohnes.

Christian hatte mit vierzehn Jahren nach Beendigung der Schulzeit bei dem *"Schmied-Vetter"* eine Lehre gemacht. Jeden Morgen war er früh um sechs an seinem Arbeitsplatz gewesen. Oft warteten die Bauern schon mit ihren Ackergäulen oder Nutz- und Schafftieren, um sie neu beschlagen zu lassen oder die Kummets und Halfter oder sonstiges Gerät zur Reparatur zu bringen. Sensen und Sicheln mußten gedengelt, Sägen, Karst und Felghaue geschärft werden.

Christian oblagen alle Handlangerdienste, und da die Frau Meisterin arg kränkelte, wurde er jeden Morgen hochgeschickt, um ihr bei der täglichen Hausarbeit zu helfen, Holz und Kohlen für den Feuerherd und den Ofen herbeizuschaffen und auch sonstige Botengänge zu verrichten. Manchmal mußte er dann noch die Stube fegen, die Stiege runterreiben und den Haus-Ern rauswäschen. Diese Arbeiten dünkten ihm absurd und demütigend; er bekam ganz rote Ohren - die ihm ohnehin wie Löffel abstanden - wenn er beim Gassekehren beobachtet wurde und ihn die Leute wohlmeinend mit "so ist's aber recht" aufmunterten. Wenn dann noch gewisse junge Mädchen sein Tun betrachteten, stieg es ihm kratzbürstig in der Kehle hoch und er schlamperte dann zuweilen hanebüchen. Er war der Bosselbub für alles, seine Leute betrachteten ihn quasi als Eigentum: Aber es gehörte nun mal zu den Pflichten eines Lehrlings, im Haus seines Meisters Mädchen für alles zu sein, das man ausnützen und befehligen konnte und bei Nichtgehorchen auch handfest bestrafen durfte! Christian hatte da schon seine Erfahrungen gemacht. Dafür hatte er ja das Privileg, so etwas wie ein Sohn zu sein, und da keine eigenen Kinder da waren, hätte er diesen Vorteil ohne weiteres ausnutzen können.

Aber gerade dieses war es, was ihn drückte. Die Erwartung, die man in ihn setzte, einstmals diese Schmiede zu übernehmen und fortzuführen, verursachte ihm fast körperliche Pein. Sich vorzustellen, zu übernehmen, was der Meister in seinem langen Leben zusammengescharrt hatte! Die Berge von scheinbarem Gerümpel in den dunklen Ecken schienen geradezu zu lauern, ihn wie Fangarme von Gespenstern zu umgarnen und einzuwickeln in ein Netz, aus dem er nicht mehr freikam.

Jeden Tag vollzog sich dasselbe Ritual mit all den Banalitäten und Kleinlichkeiten, und die Gespenster wurden mehr und mehr.

Wohl gab es Tage, wo alles anders war, wo die Sonne schien und er auf alle Düsterheiten und Gespenster pfiff. Aber dann kam es bestimmt wieder wie ein Wolkenbruch, wenn er die Pflichten allzu fröhlich genommen hatte! Dann setzte es Schelte und Vorwürfe und wohl auch Schläge! Wütend bearbeitete Christian dann Amboß und Esse, daß die Funken sprühten und die Gespenster erschreckt davonstoben!

Christians ganze Liebe gehörte den Motoren, den Motorrädern, den Autos, die jetzt ihren Weg in der Welt suchten. Einen Motor und vier Räder, oder auch zwei - das Drum und Dran würde er schon bewerkstelligen! Ließe man ihm bloß die Möglichkeit! Hätte er bloß eine Chance!

Er verschlang in der Zeitung die Meldungen über Neuigkeiten in der Welt der Motoren, er suchte zwischen den Zeilen zu lesen und zu lernen! Brachte man zur Schmiede einen der Traktoren, die jetzt aufkamen, so war es für Christian ein Erlebnis, dieses Wunderwerk zu pflegen und seine Blessuren zu untersuchen und zu heilen. Man hätte ihm keine größere Freude machen können, als ihm so ein lädiertes Vehikel zu überlassen.

Als wir Christian rund fünfzig Jahre später in Amerika erstmals wieder zu Gesicht bekamen, war es unter einem "Car", wo von Christian nur die Füße in den Stiefeln hervorguckten. Hervor kam dann nach und nach eine Gestalt im ölverschmierten Overall, aus dem ein noch verschmierteres Gesicht mit blitzenden blauen Augen auftauchte. Die Autos, die Cars, blieben seine große Liebe und bestimmten seinen Lebensweg in Amerika, wo er in der Nähe der kanadischen Grenze ein gutgehendes Fuhrgeschäft betrieb.

Heute nun hatte Christian von seinem Meister freibekommen. Es war ein spätes Frühjahr gewesen, und auf den Feldern und im Wengert drängte die Arbeit.

Nach der Hacket, die man grade fertiggebracht hatte, mußten dringend die Pfähle an die Rebstöcke gesetzt werden, ehe der Boden wieder zu trocken wurde oder es gar wieder zu regnen anfing. Heute war es "grad richtig' Wetter", der Boden soweit abgetrocknet, aber noch weich genug, um die Pfähle einzubringen. Alle mußten da zusammenhelfen. War der Wengert dann am Pfahl und die Ruten angehängt, war recht viel von der Arbeit im Wengert getan. Dann mußte der liebe Gott das Seine tun mit Sonne und Regen, bis man wieder die "Hacketscholpen klopfen" konnte und die Sommerarbeit begann mit Laubarbeiten und Spritzen und Felgen. Es war ein stetiger Kampf mit den Allgewalten der Natur, denen gegenüber man sehr oft machtlos war.

So war ein Großteil der letztjährigen Ernte durch Hagelschlag und feuchtem, dämpfigen Wetter danach, das Oidium nach sich zog und die unreifen Beeren mit dichtem Schimmelbelag bedachte, umgekommen. Das regnerische Wetter im Herbst tat dann ein übriges, so daß die Ernte schmal und gering ausfiel, der Ertrag in klingender Münze letztendlich spärlich war.

Es war des Landwirts Los. Auch die Getreide- und Obsternte war natürlich beeinträchtigt durch die Abhängigkeit vom Wetter, von der Gunst der Witterung. Aber es war des Landwirts Leben, unabhängig und frei zu sein.

1914

Christian erinnerte sich sein Leben lang an den Tag, als der Vater heimkam von der Feldarbeit, die Felghaue geschultert, und schwer atmend unter der Haustüre stehenblieb: *"Krieg ist ..."* Das Tageslicht im Hintergrund gab dem Vater einen seltsamen Rahmen, es leuchtete unwirklich und irgendwie drohend, als hätte dieses eine Wort *"Krieg"* böse Geister heraufbeschworen.

Dann kam der Vater die Treppe hoch in die Küche, wo die Mutter gerade dabei war, das Melkgeschirr zu richten. Sie hielt inne und drehte sich erschrocken um: *"Nein... Großer Gott, nein - es darf doch nicht wahr sein..."* Vom Stall kamen ungeduldige Laute, die Tiere warteten auf die abendliche Verrichtung. Christian saß am Küchentisch und machte seine Hausaufgaben. Er sah den Vater verwundert an: *"Was ist das, Krieg?"*

Der ältere Bruder Hermann kam vom Stall herein, wo er bereits angefangen hatte mit der abendlichen Fütterung, aufgeschreckt von dem Ruf seines Vaters, und stand nun neben der Mutter. *"Was ist los? Krieg..."* In der Ecke hockte die fünfjährige Emma und spielte mit ihren groben hölzernen Bauklötzen; das Bauwerk fiel holpernd in sich zusammen, und die Kleine fing an zu greinen. *"Krieg ist ..."*

Während sie nun alle in der Küche versammelt waren und keiner ein Wort fand, begannen die Kirchenglocken zu läuten. Sie liefen die Treppe hinunter auf die Straße. Aus allen Häusern kamen Menschen. Die Straße füllte sich. Die Menschen hörten die Glocken, schauten auf zum Himmel, als käme von dort die Lösung, von dem strahlend blauen Sommerhimmel, an dem keine Wolke zu sehen war. Schräg stand die Abendsonne im Westen und schickte sich an, einen friedlichen, arbeitsreichen Tag zu beenden. *"Ist's wahr?" "Ist denn wirklich Krieg?"*

Die Glocken hörten auf zu läuten und gaben einer bedrückenden Stille Raum. Oben, beim Rathaus, sammelten sich die Menschen. Auf dem mit einem schmiedeeisernen Geländer umkränzten Balkon zur Straßenseite hin wurde der Bürgermeister sichtbar. Er hob die Hand, Aufmerksamkeit fordernd.

"Unser Vaterland befindet sich seit heute im Kriegszustand..."
Obgleich der Kriegsausbruch hatte erwartet werden müssen, hatte man doch immer gehofft, daß es nicht soweit kommen würde. Die Menschen auf dem Marktplatz horchten benommen. Vom Balkon oben sah die Menge aus wie ein Ackerfeld, die Männer mit ihren Strohhüten, die weißen Kopftücher der Frauen; ein Bild des Friedens, das nichts erahnen ließ von dem Aufruhr darunter. *"Deutsche Männer, deutsche Frauen! Unser Heimatland ist in Gefahr!"* Stolz möge die Menschen erfüllen, das Vaterland zu verteidigen.

Vater Wilhelm konnte keinen Stolz empfinden in seiner Brust. Er spürte nur, wie ihm ein dumpfer Schmerz den Atem zu nehmen drohte, wie es wie dunkle Ahnung sich auf ihn legte. Was ging ihn denn das alles an? Ihn, seine Familie, sein hart erworbener Besitz, sein kleines Reich, sein kleines Glück, das ihm das tägliche Brot zur Genüge bescherte, das ihn zwar nicht reich, aber doch stets zufrieden machte? Was ging ihn der Machtkampf der Großen dort in der hohen Politik an? Der Streit von Königen und Fürsten?

Die Ernte stand vor der Türe, die Einbringung des Brotes für seine Familie, und auch für die anderen, die Handwerker und Arbeiter, damit alle zu essen hatten, auch im Winter! Das war seine Aufgabe, da war sein Platz in der Gemeinschaft.

Plötzlich spürte Vater Wilhelm die Hand seines Sohnes in der seinen. Sein Blick kehrte zurück und traf die Köpfe seiner Familie. Ihre Gesichter waren dem Sprecher auf dem Balkon zugewandt.

Wilhelm suchte seine Gedanken zu ordnen. Was ging in den Kindern vor? Konnten sie denn überhaupt erfassen, was da vor sich ging? Wo er es doch selbst nicht konnte?

Dann sah er seine Frau, die kleine Emma an der Hand. Sie stand mit anderen Frauen zusammen, gespannt horchend. Ein warmes Gefühl übermannte ihn. *"Junge Männer, ihr werdet gebraucht, das Vaterland zu verteidigen...!"* Plötzlich fühlte er sich sehr alt, sehr schwach. *"Junge Männer..."* Mit seinen achtunddreißig Jahren zählte er nicht mehr zu den Jungen. Er hatte bereits Saat und Ernte eingebracht in seinem Leben, hatte Frau und drei Kinder, die sein Leben ausmachten und ihm ein Ziel gaben.

Ein Bild stand plötzlich vor seinem inneren Auge, ein Bild voller Frieden und Freiheit. Ein Tag in der Erntezeit, wenn sie frühmorgens ausgezogen waren bei Tagesanbruch, das Getreide zu schneiden. Mit der Sense schnitt er den Weizen, und Mina nahm hinter ihm die Schwaden mit der Sichel behutsam auf und legte sie in Rahen ab. Später würden sie die Schwaden wenden, und wiederum nach einer guten Zeit zu Garben binden und aufstellen zu Gruppen; es sah dann aus wie ein Feld voll wehrhafter Soldaten. Nie wäre ihm dabei aber der Gedanke an Kampf und Krieg gekommen, höchstens daß sie darüber gelacht hatten, wenn diesbezügliche Anekdoten erzählt wurden.

Am Abend brachten sie dann das Korn ein mit dem hochaufgeladenen Garbenwagen, um es in der Scheune abzuladen und aufzubewahren für den Winter zum Dreschen. Alle mußten mithelfen in der Ernte, groß und klein. Auch die kleinste Hand konnte nach dem Abernten noch die letzten Ähren einsammeln, auf daß ja nichts umkomme.

Wenn dann die Sonne heiß herniederbrannte, lag das Getreidefeld in sauberen Schwaden, und die Schnitter setzten sich in den Schatten des alten Apfelbaumes am Ende des Feldes. Mina holte den Sutterkrug mit dem Birnenmost und das Brotsäckle mit dem Vesper aus der Vertiefung in der Erde, wo alles frisch und kühl geblieben war.

Auf einem weißen Tuch breitete sie die Mahlzeit aus, das Schwarzbrot und den Luggeleskäs oder auch die selbsteingemachte Wurst in der Dose. Dann schenkte sie den kühlen Most aus dem Krug in den Becher und reichte ihn ihrem Mann. Wenn sie so dasaßen und aßen, fühlte sich Wilhelm als der reichste Mann der Welt, und eine tiefe Dankbarkeit überkam ihn. Nichts auf der Welt wäre ihm erstrebenswerter erschienen als dieser Acker mit seinem schimmernden Erntegold, und der geheiligte Friede beim fürstlichen Mahl unter dem schattenspendenden Baum. Dies war seine Welt! Und sie wollte er verteidigen, und nichts anderes.

Das friedliche Bild wurde jäh gestört, als der Sprecher dort oben auf dem Balkon seine Stimme erhob mit einem letzten Aufruf: *"Tut Eure Pflicht fürs Vaterland!"*, der Menge dann den Rücken kehrte und im Innern des Rathauses verschwand. Wilhelm griff seine beiden Buben bei den Händen, und Mina folgte ihm mit der kleinen Emma heimwärts.

Später am Abend, als Vieh und Menschen versorgt waren, saßen sie beisammen um den großen Küchentisch. Die Aufregung dieses Tages ließ sie nicht zur Ruhe kommen. Krieg! Keiner von ihnen hatte einen Krieg richtig erlebt. Da waren die Veteranen aus dem 1870/71er Krieg gegen Frankreich, und die Alten erinnerten an den siegreichen Feldzug mit dem "Sedanstag", und sie feierten diesen Tag, als wäre der Krieg eine reine Freude gewesen. Die Buben rannten den alten Männern und der Fahne voran und hatten ihren Spaß an dem Gehabe.

Was sollten sie denn auch anderes wissen, was von blutigem Kampf und Ringen, wenn man nur von Sieg und Glorie hörte? Aufgekratzt gaben Christian und Hermann ihre Erfahrungen von solchen Sedansfeiern kund. Wilhelm und Mina erinnerten sich wohl, wie ihre Eltern vom 70/71er Krieg erzählt hatten, und dort hatte man auch von Opfern gewußt, und der Glorienschein hatte sehr gelitten. Der Druck von Wilhelms Brust wollte nicht weichen.

"Junge Männer ..." Der Aufruf schwirrte ihm im Kopf herum. Sicher war er nicht mehr jung genug, sicher brauchten sie ihn nicht mehr. Und der Krieg war sicher auch bald wieder vorbei.

"Ob sie alte Leute wie mich auch holen?" Unsicher schaute Wilhelm auf seine Frau. Mina erwiderte den Blick, Verwunderung und Entsetzen in den Augen. Ihr war ein solch absurder Gedanke überhaupt noch nicht gekommen. Unausdenkbar, so etwas! *"Nein, niemals..."* Aufgewühlt durch dieses unmögliche Ansinnen stand sie auf und trat ans Fenster. Es war still geworden draußen. Die Dunkelheit legte ihren tröstenden Schleier um die aufrührerischen Ereignisse dieses Tages.

Nichts hatte sich verändert seit gestern. Und doch hatte sich die ganze Welt verändert.

Krieg

So lang Wilhelm denken konnte waren seine Vorfahren Bauern und Weingärtner gewesen. Stets hatten sie das Ihrige treu verwaltet und an die Söhne weitergegeben. *"Was du ererbt von deinen Vätern, erwirb es, um es zu besitzen!"*

Immer hatte dieses Wort gegolten, war es auch oft recht schwer gewesen, wenn Fehljahre die Landwirtschaft heimsuchten, wenn Regen und Nässe im Übermaß kamen oder große Trockenheit die Felder verdursten ließ. Immer hatten sie von neuem begonnen, und dankbar ihr Teil vermehrt.

Wilhelm hatte seinen Erbteil bei seiner Heirat in Form von Äckern und Weinbergen erhalten. Zusammen mit der Mitgift seiner Frau Mina ergab der Besitz den Boden für ein bescheidenes Auskommen. Es war ihnen möglich gewesen, ein älteres Anwesen zu erwerben, und mit Fleiß und Tüchtigkeit hatten es die strebsamen Schwaben bald zu dem *"erwirb es, um es zu besitzen"* gemacht. Drei hoffnungsvolle Kinder, zwei Söhne und eine Tochter, machten das Glück vollkommen. Und dann kam der Krieg.

Die Tage nach dem Ausbruch verliefen scheinbar gleichmäßig, wenn man davon absah, daß viele junge Männer zu den Waffen gerufen wurden. Die Ernte wurde eingebracht und man hatte tüchtig zusammengeholfen. Im Herbst gab es Regenwetter und infolgedessen eine geringe Weinqualität. Aber alles in allem konnte man auskommen.

Es ging alles wie gewohnt, wie nebenher; der Krieg und seine Geschehnisse hatten Vorrang, bedeckten die Oberfläche. Man hoffte auf ein baldiges Ende.

Dann häuften sich die Meldungen über Gefallene. Der Krieg weitete sich aus zum Weltkrieg. In der Schule hörten die Kinder, was

Krieg bedeutete, und nichts war mehr da von der Euphorie der ersten Tage.

Der Krieg wurde Alltag, mit Lebensmittelmarken, Einschränkungen, Bewirtschaftung aller Güter. Immer mehr Männer wurden eingezogen, auch Familienväter. Eines Tages erhielt auch Wilhelm den Stellungsbefehl. Man schrieb das Jahr 1917. Mina war allein mit den Kindern. Zusammen bemühten sie sich, die Landwirtschaft in Gang zu halten, bis der Vater wiederkäme und der Krieg zu Ende war.

Das Volk lechzte nach Frieden. Die Not war groß im deutschen Vaterland. Hunger und Elend wüteten, besonders in den Städten. Von den Fronten kamen schlimme Nachrichten, nicht über Siege. Und immer öfter brachte der Briefträger schwarzumrandete Briefe.

Es war im April 1918, als die Nachricht kam: *"...auf dem Felde der Ehre den Heldentod gefallen..."*

Im Jahre 1918 gab es Frieden im deutschen Vaterland, aber keinen Sieg. Die Waffen schwiegen, Deutschland war am Ende.

Kinderzeit

Bis dahin, bis zu dem Tag, als der Vater zu den Waffen mußte, war das Leben der Kinder in geordneten Bahnen verlaufen. Daß sie sparsam sein mußten, daß das tägliche Leben aus Arbeit bestand, das waren sie gewohnt von kleinauf, sie kannten nichts anderes. Ein eigenes Zimmer, Freizeit oder gar Taschengeld - das waren Fremdworte, und da sie diese Dinge nicht kannten, vermißten sie sie auch nicht.

Wie alle Kinder ihrer Generation, sofern diese nicht die Privilegien höher gestellter Schichten genossen, wuchsen sie in Schlichtheit und Einfachheit auf, was aber den Wundern und Entdeckungsfreuden der Kindheit keinen Abbruch tat.

Viele Kinder in den Großfamilien hatten kein eigenes Bett, zu zweit oder zu dritt schliefen sie in einer Schlafstatt, die manchmal gar unter dem bloßen Dachboden ihren Platz hatte.

Das Wasser, das die Eltern in ihrer Kindheit noch vom Brunnen holen mußten, rann jetzt aus dem Wasserhahn, zwar nur kalt, aber immerhin brauchte es nicht mehr herangeschleppt zu werden. Es dünkte den Menschen ein gewaltiger Fortschritt. Man brauchte nur den Hahn aufdrehen, und schon hatte man köstliches Wasser! Nur im Winter war das kalte Wasser unangenehm, und man drückte sich dann halt ums Waschen, während man im Sommer ob der Kühlung froh war. Und Brunnen gab es ja auch noch, wo man pumpen konnte, bis der Strahl kühlenden Wassers hervorquoll. Dann war da der See außerhalb des Ortes, und schließlich das Stadtbad, das allerhand an Wissenswertem in der Kinder- und Jugendzeit hergab, und wo sie alle schwimmen gelernt hatten.

Nein - sie vermißten nichts, wuchsen auf in Bescheidenheit und Geborgenheit, bis dieser Tag kam, an dem der Vater fort mußte, um gerade diese Geborgenheit zu verteidigen; die Geborgenheit, die mit diesem Tag ihr Ende fand.

Jedes der Kinder hatte seine bestimmten Pflichten. Den Buben oblag es, für Holz und Kohlen zu sorgen, dem Vater in Stall und Scheune zu helfen. Wenn sie von der Schule kamen, lehnte regelmäßig eine Felghaue oder sonstiges gängiges Gerät auffordernd im Hausgang, ein Zettel mit der Anweisung, wohin zu kommen war, steckte dabei, und man tat gut daran, sich nicht in Rumdrücken zu verzetteln.

Die Mädchen hatten der Mutter zu helfen, beim Kochen, beim Hausputz und allem, was eben zur Führung eines Haushaltes gehörte. Die drei *"K"* - *Küche, Kinder, Kirche* - beherrschten das Heranwachsen der Töchter, die es dann später wiederum an ihre Töchter weiterzugeben hatten.

Überhaupt hatte man zu gehorchen. Dem Lehrer in der Schule, den Eltern zuhause. Da gab es kein Pardon. Christian hatte schon des öfteren schmerzhafte Erfahrungen gemacht, wenn sein Temperament mit ihm durchgegangen war und der Leichtsinn Blüten getrieben hatte. Dann folgte die Strafe auf dem Fuße in Form einer Tracht Prügel, die nachhaltige Spuren hinterließ. Aber es war nicht angebracht, zuhause über solche Strafen des Lehrers zu klagen, es hätte gut sein können, daß der Grund des Vergehens dann noch einmal bestraft worden wäre.

Einmal in der Woche, vorwiegend am Samstag, war Backtag. Da gab es duftenden Kartoffel- und Zwiebelkuchen, und der unnachahmliche Geruch des neugebackenen Brotes ließ das Wasser im Mund zusammenlaufen. Erinnerte sich Christian später an diese Backtage, so sah er in seinem Innern immer die Mutter, wie sie das Brot in das nahegelegene Backhaus trug, hüben und drüben einen Laib unter dem Arm, und ein Backkörble mit einem Laib auf dem Kopf, und er spürte in seiner Erinnerung förmlich den heimatlichen Geruch. Er erinnerte sich, wie er der Mutter oft geholfen hatte, die Bleche und Backkörble mit dem Schubkarren zum Backhaus zu fahren und wie er dann einmal die teigete Ladung umgeschmissen hatte. Die Katze war in den Genuß der Kuchen gekommen damals, und nicht zu knapp.

Die Sonntage waren anders. Da brauchte nicht gearbeitet zu werden. Grade das Notwendigste wurde da getan, und wenn Mensch und Vieh das nötige Futter hatten, durften sie alle der Ruhe pflegen. Aber keiner hätte sich zum morgendlichen Malzkaffee eingefunden, bevor der Stall und die Tiere nicht versorgt waren. Zum Frühstück, das am Werktag nicht so habhaft ausgefallen war, gabs am Sonntag wohl auch ein Stück Hefekranz und gutes Weißbrot und man blieb gern auch ein wenig länger sitzen.

Aber so ganz ohne Schaffen gings am Sonntag doch nicht. Da waren die Schaffkleider, die ausgebürstet oder gerichtet werden sollten, um noch eine Woche "den Dienst zu tun". Am Sonntagmorgen wurden die Schuhe gesichtet, ob ein Nagel fehlte oder ein Eisen an der Spitze oder am Absatz; und dann kamen die Stiefel auf den Leisten, Nägel wurden ersetzt und Sohlen geflickt: was Kleinigkeiten waren, das tat man selbst! In Reih' und Glied standen die Schuhe, und die Kinder eiferten, wer heute dran war mit Putzen. Drücken half nicht, die Schuhe blieben stehen und harrten der Pflege und gaben nicht nach oder verschwanden, ehe sie nicht poliert und geschmiert waren!

Der sonntägliche Kirchgang gehörte zum Sonntag wie das Amen in der Kirche. Die Kirche war voll besetzt, der Pfarrer brauchte nicht vor leeren Bänken zu predigen. Es wäre Christian in seiner frühen Jugend nicht in den Sinn gekommen, einmal nicht am sonntäglichen Kirchgang teilzunehmen. Erst später, in seinen Sturm- und Drangjahren, scherte er dann öfters aus, sehr zum Leidwesen seiner Mutter.

Wenn sie dann vom Kirchgang zurückkamen, beeilte sich die Mutter mit dem Mittagessen und die Kinder halfen ihr. Es gab regelmäßig "Sonntagsessen", was da hieß: Spätzle und Kartoffelsalat und Braten. Es wäre einem Sakrileg gleichgekommen, diese Regel zu brechen, und keine echte schwäbische Hausfrau hat dies je gewagt. Während die Eltern am Sonntagnachmittag ein Mittagsschläfchen hielten, durften die Kinder ihrer Plaisir nachgehen. Das war die Zeit, wo man Winkel und Gassen erforschte, und dort ungehindert seinen Spielen nachgehen konnte.

Manchmal gab es auch sonntagnachmittägliche Spaziergänge, und vielleicht kehrte man auf dem Heimweg ein, im Biergarten oder in einer Wirtschaft unter schattenspendenen Kastanienbäumen. Das waren Gelegenheiten, die man nicht vergaß, die sich eingruben ins Gedächtnis als Manifest behüteter Kindheit, die Zeichen setzten und Grundstein legten für das spätere Leben.

Zur Abendzeit hatte man wieder zuhause zu sein. Das Vieh wollte gefüttert und die Ställe sauber gemacht werden, auch am Sonntag. Nach dem abendlichen Vesper las dann die Mutter noch aus der Bibel oder auch einen Vers aus dem Gesangbuch. Und an Sommerabenden saß man bis zum Einbruch der Dämmerung auf dem Bänkle vorm Haus; die Nachbarn gesellten sich dazu, und man redete miteinander über die kleine Welt des Heimatortes und was alles so geschah, über Sorgen und Nöte, und gab Rat, so gut man eben konnte. Selten nur fand die große weite Welt Zugang. Ein Tröpple Gäns mochte an solchen Abenden die Beschaulichkeit untermalen, wenn es müde schnatternd heimwärts zog vom Gänsegarten draußen vor dem Ort, wo es den Tag über verwahrt gewesen war.

Eine große Zeit war der Herbst. Da zog alles hinaus in die Wengert, um die Traubenernte einzubringen. Der Klang des Herbstes durchzog die Tage, und der würzige Geruch des gärenden Mostes hing in der Luft. In der Morgenfrühe brach man auf, mit Zuber und Butten, und fleißige Hände füllten Eimer um Eimer mit dem, was in diesem Jahr gewachsen war, ob es nun süß oder sauer geraten war, ob es nun viel war oder wenig. Man saß am Wengertrain zum Vespern, oder bei Regenwetter auch im Wengerthäusle, und zog am Abend mit den gefüllten Zubern, aus denen die aufgehäuften

Trauben oben rausguckten, oder aber auch nur mit einer *"Bodendekket"* belegt, heimwärts, um den Neuen in die Bütten zu raspeln und sich dann nach getaner Arbeit dem Letztjährigen zuzuwenden.

Einen breiten Raum in Christians Erinnerung an die Kindheit und frühe Jugend nahmen die drei heimatlichen Türme ein. Von allen Seiten konnte man sich seinem Heimatort nähern, sie standen vor einem, in gebührendem Abstand voneinander, unverrückbar und felsenfest.

Da war der spitze Kirchturm mit dem Wetterhahn oben auf der Spitze. Christian hätte den gerne von der Nähe besehen, aber so ganz war das nicht gelungen, obwohl er schon oben auf dem Kirchturm gewesen war, wo die Glocken ihren ehernen Klang verbreiteten. Am Glockenseil hatten die Buben ihre Kräfte ausprobiert und stolz dem Klang gelauscht. Dann gab es die alte Ganerbenburg mit ihren unheimlich dicken, geisterhaften Mauern und dem runden Burgturm. Natürlich hatten sie als Kinder keine Gelegenheit ausgelassen, die sagenumwobenen Mauern und Schießscharten zu erforschen und auszukundschaften. Eine ganze Welt der Herren und Knechte war in diesen Steine verflochten, und der Phantasie waren keine Grenzen gesetzt.

Der obere Torturm aber hatte es ihm angetan. Der Turm war bewohnt, und so gab es schon mal Gelegenheit, dort hinaufzusteigen. Von dort oben konnte man rundum ins Heimatland sehen. Die einstigen Wächter hatten wohl hier ihren Ausguck gehabt, um einen nahenden Feind oder auch Freund anzukünden.

Da lag gen Westen hin die Hügelkette des Strombergs, an den in nördlicher Richtung die bewaldeten Höhen des Heuchelbergs angrenzten, die Hänge bedeckt mit Weinbergen, die oben den Wald freigaben wie eine übergestülpte Kapuze.

Im Osten zog sich das Neckartal hin mit Wiesen und Weinbergschrannen. Wie ein silbernes Band schlängelte sich der Neckar dazwischen hindurch, und von ganz ferne grüßten die Bottwartaler Berge.

Sah man nach Süden, so fesselte den Blick der Asperg und die Dächer der nahegelegenen Ortschaften, und dicht unter ihm lag sein Heimatort mit den verwinkelten Straßen und Gäßchen. Die Giebel der Häuser schienen einander zu berühren. In den Gassen wuselte es, da huschten die Menschen umher wie Ameisen: dort zogen Tiere ein Gefährt, dort trug einer eine Last, jedes schien irgendeinem Ziel zuzustreben.

Christian konnte sich nie satt sehen an diesem von oben so entrückten Treiben. Er spürte wohl, daß auch er ein Teil dieses Treibens war. Sein Blick ging dann hinauf zu den fliehenden Wolken, und eine unerfüllte Sehnsucht zog seine Gedanken in ihren Bann. Wenn er dann die Treppe wieder hinabstieg und die holperige Gasse heimwärts lief, überkam ihn immer ein Gefühl der Kleinheit und Verzagtheit, aus der er keinen Ausweg wußte. Aber manchmal, wenn er von den Weinbergen oben heimwärts wanderte am Abend nach getaner Feldarbeit, da hielt er dann an und betrachtete seine drei Türme, die roten Dächer der Häuser wie Küken um sich versammelt, sich schutzsuchend an die Mauern schmiegend; da überkam ihn dann das Gefühl der Heimeligkeit und des Geborgenseins, und es dünkte ihm unmöglich, daß er diese schützenden Mauern jemals verlassen konnte, daß er nicht mehr heimkonnte in seinen winzigen Ameisengang, in den er hineingeboren war. Und es schien ihm eine Leichtigkeit mit seines Tages Lasten. Dann war die Zwiespältigkeit einer beruhigenden Müdigkeit gewichen, die träge machte und zufrieden. Aber nur, um erneut aufmüpfig zu werden in der Mühsamkeit des neuen Tages.

1918

Bis zu jenem Tag, als der Vater zu den Waffen gerufen wurde, war alles gut gewesen. *"Helft Eurer Mutter!"*, hatte der Vater zum Abschied gesagt und die Kinder hatten ernsthaft genickt. Es war das Ende ihrer Kindheit.

Wie so viele Frauen ihrer Generation, die den Mann und Vater ihrer Kinder im Krieg verloren hatten, war Mina auf sich gestellt. Der Mann hatte sein Leben gelassen für das Vaterland, für das, was er am meisten zu verteidigen gedachte, und für die, die ihn nun am meisten vermißten: die Familie, die ihn so bitter nötig gebraucht hätte. Sinnlos sein Tod, sinnlos sein Opfer.

Es waren die Frauen, die Kriegerwitwen, die nach dem Zusammenbruch, im Ersten und Zweiten Weltkrieg, ungeahnte Kräfte entwikkelten. Sie wuchsen über sich selbst hinaus in ihren Entscheidungen, in ihrem auf sich selbst gestellt sein, in ihrem Alleinsein beim Arbeiten, Essen und Schlafen.

Freilich waren die Kinder für Mina eine große Hilfe und ein reicher Trost. Der zwölfjährige Hermann übernahm in frühgereiftem Ernst dieser Zeit wie selbstverständlich des Vaters Platz hinter dem Pflug. Die Landwirtschaft war ihm Berufung, und schon bald zeigte sich seine Liebe und Begabung für die ererbte Scholle.

1926

Die Jahre gingen ins Land. Schlimme Jahre für das in den Nachkriegsjahren schwer geschundene Vaterland. Inflation, Arbeitslosigkeit und Hoffnungslosigkeit grassierten, und besonders die kinderreichen Familien litten große Not.

Mit dem Geld, das in der Inflation zu horrenden Zahlen, Millionen und Billionen, angestiegen war, konnte man nichts mehr kaufen. Ein Viertele Wein in der Wirtschaft kostete 200.000 Mark ...

In diese Zeit hinein kam das Versprechen mit Arbeit und Brot für jedermann, mit einer neuen Partei und ihrem Führer. Eine ganz neue Ära begann.

Christian hatte seine Lehre beendet, arbeitete aber immer noch im Hause seines Lehrherrn, und da dieser kränkelte und die Frau Meisterin ebenso, hatte sich an seinem Status, Mädchen für alles zu sein, nicht viel geändert. Die Tage verliefen im Gleichmaß der ewigen Felghauen, Sicheln und Sensen und sonstigen Schmiedearbeiten.

Wohl hatte die Technik im ersten Viertel des Jahrhunderts gewaltige Sprünge gemacht. Zu den Fahrrädern gesellten sich Motorräder, Autos und Traktoren, und täglich gab es Neuigkeiten in der Welt der Technik. Längst waren die Petroleumlampen ersetzt worden von der Glühbirne, und man brauchte bloß noch den Schalter anzuknipsen, um Licht zu haben. Wunder über Wunder - spärlich zu erkennen in der dunklen Welt der Schmiede in Christians alltäglichem Dasein.

Der ältere Bruder hatte die elterliche Landwirtschaft übernommen und diese in einen vortrefflichen Stand versetzt. Er würde in absehbarer Zeit heiraten und einen eigenen Hausstand gründen. Seine Kenntnisse in der Landwirtschaft und seine Fähigkeiten berechtigten zu den schönsten Hoffnungen.

Auch die jüngere Schwester, fleißig und sparsam in der Hauswirtschaft erzogen, würde bald ihre eigenen Wege gehen und eine Familie haben. Es war der Lauf der Welt, und endlich schien es auch wieder aufwärts zu gehen. Aber grade heute war es wieder fürchterlich gewesen.

Die Frau Meisterin plagte eine schlimme Erkältung, und sie mußte das Bett hüten; wer weiß, ob sie jemals wieder gesund werden würde. Christian hatte wieder einmal für alles da sein sollen, für den ganzen Haushalt und auch für die Bauern in der Schmiede. In dem Durcheinander der Hände und der Gedanken hatte er sich obendrein noch unglücklich verletzt, und der Schmerz schürte nun die Glut, die in ihm drinnen entbrannte.

Daneben quälte ihn ein Bild, das ständig vor seinem inneren Auge auftauchte und ihn nicht losließ. Als die jungen Burschen dicht nebeneinander auf dem blumengeschmückten Pritschenwagen durch die Straßen gefahren waren, hatten am Wegrand einige Veteranen aus dem Weltkrieg gestanden, stumm und mit abweisenden Gesichtern; einer stützte sich schwer auf einen Stock, weil ihm das rechte Bein fehlte, dem anderen hing der Jackenärmel lose und leer an der Seite. Man konnte ihre Gedanken förmlich spüren, und selbst die angeheiterten Burschen traf es wie dumpfe Vorahnung, daß das, was sie hier besangen, nicht die Wirklichkeit war. Noch keine zehn Jahre waren vergangen, seit der Krieg diese schlimmen Wunden gerissen hatte, und die Narben brachen immer wieder auf.

Während der Wagen durch die ungepflasterten Straßen und Gassen holperte, öffnete sich manches Fenster. Und hinter einem tauchte ein Gesicht auf, bei dessen Anblick es Christian einen Stich ins Herz gab. Er lächelte hinauf und winkte, und er bemerkte wohl das zarte Erröten und spürte ein warmes Gefühl in sich aufsteigen. Was sollte er ihr sagen? Daß er es nicht mehr ertrug, dieses drückende Dasein hier im engen Ort? Daß er hinausziehen wolle in die Welt, ja hinausziehen müsse, um mit Lorbeerkranz und Siegespalmen heimzukehren und ihr die Welt zu Füßen zu legen? Oder würde sie mit ihm kommen, ins Ungewisse, der beschaulichen Welt ihrer Heimat entsagen, um irgendwo in der weiten Welt ganz neu anzufangen? Christian sandte einen verlorenen Blick zum Fenster hoch, ehe der Wagen um die Ecke bog und das liebe Gesicht entschwand.

Dann waren sie nochmals eingekehrt und hatten alle Zweifel und Alpträume ertränkt im Alkohol, dessen Geist für einige Stunden die Sinne belagerte.

Irgendwann dann an einem der folgenden Sonntage, als er mit ihr im weichen Dunkel der Nacht und ihrer Verschwiegenheit durchs Heimattal gewandert war, hatte er davon angefangen, zaghaft und gar nicht selbstsicher. Die Ernüchterung, die dem Tag der Musterung gefolgt war, hatte die Zweifel und zu erwartenden Hindernisse zu undurchdringlichen Gebirgen aufgebaut, und so hatte er auch die überzeugenden Worte nicht gefunden und sie hatte geschwiegen. Für sie schien es unüberwindlich, dieses Meer von Wasser und Sturm. *"Ein Spatz in der Hand ist besser als eine Taube auf dem Dach!"* hatte sie schließlich zu zitieren versucht. Ein kleines Glück daheim - dafür hätte sie ihm unbesehen Hand und Herz gereicht! Er hätte nur zuzugreifen brauchen.

Aber er konnte es nicht. Das, was sein Innerstes bewegte, der Drang nach Unabhängigkeit und Freiheit, war stärker, und sie spürte es wohl, und so blieb vieles ungesagt an jenem Abend.

"Laß uns ein andermal darüber reden...", sagte er endlich. Aber beide wußten, daß es ein andermal nicht geben würde.

Das Muhen der Kühe im Stall, die ihr Futter haben wollten, riß Christian aus seinen Gedanken. Er ging hinein und nahm ein Bündel Futter, um es den Tieren in den Trog zu werfen; die glotzten ihn vorwurfsvoll an, als merkten sie den Widerwillen, der ihnen da zuteil wurde.

Wie, wenn er einfach alles hinter sich ließ? Einfach ging? Was hielt ihn denn? Viele waren doch schon gegangen, in die neue Welt, von der man wundersame Dinge hörte! *"Promised Land"* - versprochenes Land! Im Land der unbegrenzten Möglichkeiten! Von vielen hatte man gehört, daß sie drüben Fuß gefaßt und ihr Glück gemacht hatten. Andere hatten nichts von sich hören lassen, was immer das zu bedeuten hatte. Vielleicht war es nur, weil sie zu beschäftigt waren, und deshalb das Schreiben einfach aufgeschoben hatten.

Christian hatte sich dem örtlichen Gesangverein angeschlossen. Schon einige Male hatten sie einem zum Abschied gesungen: *"Muß i denn, muß i denn zum Städtele hinaus..."* Er war doch jung und unabhängig, warum sollte er es nicht auch wagen? Hier die Enge und Düsterheit der Schmiede, dort das weite Land, das *"Promised Land"*!

Viele der jungen Männer, die mit ihm gemustert worden waren, wurden einberufen zum Arbeitsdienst, sie waren dabei, Straßen und wehrhafte Stellungen zu bauen. Wehrhafte Stellungen - für was?

Als er fertig war mit seiner Arbeit im Stall, ging er hinein in die Küche und ließ sich unwirsch auf einen Stuhl fallen. Die Mutter hantierte am Herd. *"Was ist?"* fragte sie ärgerlich. Konnte denn nichts einfach seinen Weg gehen, mußte es denn immer Ausbrüche und Streitereien geben, auch zwischen den Geschwistern? *"Was hat's denn wieder gegeben?"* Sie sah ihren Zweitgeborenen groß an. *"Ach nichts..."*, sagte Christian ausweichend. Er wandte den Blick von ihr ab und starrte zum Fenster hinaus: *"Es ist nur... Fort will ich!"* Es barst förmlich aus ihm heraus. Endlich war es gesagt! Alle Hoffnungslosigkeit seines Daseins lag in diesem Aufschrei. Und da es nun einmal heraus war, nahm es Gestalt und Form an, war plötzlich greifbar wie ein Stück Brot, das einem Verhungernden entgegengehalten wurde: *"Fort will ich, auswandern...!"*

Die kahle Elektrobirne in der einfachen Fassung warf einen hellen, runden Schein von der Decke herab auf das Viereck des Tisches und unterstrich die Schlichtheit der Gegenstände; zugleich aber gab sie Raum für die Dinge hinter dem erhellten Kreis. Dinge, die da waren, die nur zu finden waren, wenn man sie suchte, Dinge, die Schritt für Schritt erforscht werden mußten. Mit einem Male dünkte es Christian sehr einfach, aus diesem Kreis auszubrechen und die Welt außerhalb seines seitherigen Lebenskreises zu erproben. Und als er jetzt seine Augen der Mutter zuwandte, glaubte er in ihrem Blick etwas zu lesen, was ihn irgendwie erleichterte, als hätte sie nur darauf gewartet, daß er die aufrührerischen Worte hervorbrachte. War er sich seither noch nicht sicher gewesen, war es noch nicht ganz klar vor ihm gestanden, das Ziel, so gab ihm dieses Etwas in der Mutter Augen jetzt das Zeichen, daß er gehen mußte, daß es kein Halten und kein Bleiben gab. Immer hatte er gedacht, die Mutter würde ihn nicht verstehen, aber das stimmte nicht. Gerade sie war es, die ihm den Weg wies. Nur ahnen konnte er, was in der Mutter vorging, der Mutter, die ihm Vater und Mutter zugleich gewesen war seit jenem Tag, als der Vater in den Krieg gemußt hatte. Nur ahnen konnte er, wie schwer es für sie gewesen war in all den Jahren. Zehn Jahre alt war Christian damals gewesen, als der Vater gefallen war und die Mutter mit den drei Kindern zurückgelassen hatte.

Mina ließ ihren Sohn reden. Selten genug tat er das. Meist verbarg er vor ihr, was ihn drückte und bekümmerte. Aber sie wußte, daß es so nicht weitergehen konnte, und eben noch hatte sie sich selbst in ausweglose Gedanken verstrickt. Und jetzt kam es wie ein Fingerzeig: *"Fort will ich...!"* Nein, sie selbst wußte wenig von der großen weiten Welt, und sie hatte in ihrer kleinen Welt ihren Teil bestanden und würde nicht weichen bis zum Ende, aber ihre Kinder mußten ihre eigenen Wege gehen, und sie würde keines festhalten. *"Fort will ich.."* Es kam wie eine Erlösung.

Mina besann sich und ging zum Küchenschrank. Dort drinnen, hinter den Tellern steckte seit Tagen ein Brief. Er war an sie gerichtet und hatte eigentlich auch nur ihr gegolten. Es war eine entfernte Verwandte, die an Mina geschrieben hatte. Eigentlich wollte das junge Mädchen nur auf Besuch nach drüben, für ein Jahr oder so, nun aber hatte sie drüben einen Mann gefunden. Das Glück schien den jungen Leuten hold zu sein, und sie waren dabei, Land und Eigenständigkeit zu erwerben.

Mina hatte den Brief mehrmals gelesen, ohne ihn in irgendwelchen Zusammenhang mit Christian zu bringen. Dann hatte sie das Schreiben weggesteckt und es vergessen, anderes, die Geschäfte des Alltags hatten es verdrängt. Jetzt war es wie eine Eingebung, das Erinnern an den Brief. Rasch langte die Mutter nach dem Brief und gab ihn dem Sohn zum Lesen.

- 1927 - Das Medaillon

Es war soweit. Der Koffer war gepackt. Christian reiste mit leichtem Gepäck. Sein guter Wille, seine Jugend, seine gesunden Hände und sein ehrlicher Verstand, das war seine Mitgift für die neue Welt!

Drinnen im dunklen Hausgang hatte Mina ihren Christian noch einmal in den Arm genommen. *"Bleib' brav!"* hatte sie gemurmelt und ihre Stimme hatte verräterisch gezittert. Sie hatte Christians Hand genommen und etwas Kleines, Rundes hineingedrückt. *"Behüt' Dich Gott...!"* Flüchtig hatte Christian das Medaillon mit dem winzigen Foto von Vater und Mutter - aufgenommen am Hochzeitstag - angesehen, und es dann rasch weggesteckt, ehe ihm ein inneres Aufbäumen Tränen in die Augen trieb. Er sah die Mutter an, ohne Worte, und in seinem Blick lag alles, Abschied und Wiederkehr, Verzweiflung und Hoffnung. *"Schreib' bald..."* Er nickte und riß sich los.

Draußen standen seine Sängerkameraden vom Gesangverein. Vielen hatten sie schon zum Abschied gesungen, heute galt es einem ihrer jüngsten Kameraden. *"Auf Wiedersehen...!"*

Die Zurückgebliebenen gingen schweigend zurück ins Haus. Im Stall nebenan ertönte das zufriedene Muhen der Kühe, das Pferd stampfte ungeduldig, die Schweine quietschten in ihren Ställen, und die Hühner begackerten eifrig ihr vollbrachtes Legewerk. Der Tag nahm seinen Lauf, als wäre nichts gewesen.

Es war im Jahr 1977, als wir den Onkel und seine Familie drüben in seiner neuen Heimat besuchten.

Sinnend stand ich vor einem Gemälde im Goldrahmen. Das Bild zeigte ein junges Paar, offenbar am Hochzeitstag. Die Gesichter kamen uns seltsam vertraut vor. "Wer ist das?" fragten wir. Die Verwandten blickten uns erstaunt an. *"Ja, kennt ihr sie denn nicht?"*

Das Bild war von einem Künstler gemalt worden, und zwar nach der Vorlage des kleinen Fotos in dem Medaillon, das Mutter Mina einst ihrem Sohn Christian mit auf die Reise in die Neue Welt gegeben hatte. Während wir das Bildnis betrachteten, gesellte sich der Onkel zu uns. Er sah auf das kleine Medaillon, das die Tante hervorgeholt hatte, und seine Augen wurden feucht. Einer, der große Worte machte, war er wohl nie gewesen, und so fand er auch jetzt keine Worte. Aber in seinen unwahrscheinlich blauen Augen, die so tiefgründig schauten, stand alles geschrieben, was in diesen fünfzig Jahren seit seinem Auszug von daheim ungesagt geblieben war an Heimweh und Fernweh, an Leiden und Freuden, an Hoffnung und Nichtmehrheimkönnen, aber da war noch viel mehr und auch der Stolz, es in der neuen Heimat zu etwas gebracht zu haben, in Ehren, so wie er es seiner Mutter einst versprochen hatte.

Öfters hatte er den Versuch unternommen, die alte Heimat zu besuchen, nach dem Krieg, als man wieder reisen konnte. Aber immer war etwas dazwischen gekommen, einmal eine Krankheit, dann eine Operation, und dann wieder die Arbeit und der Betrieb, der seinen Meister erforderte. Und es gab in der alten Heimat niemand mehr, dessen Lebensweg einst seine Kindheit und Jugendzeit teilte, weder Mutter noch Bruder oder Schwester.

Inschrift der Freiheitsstatue:

Gib mir die Müden, die Armen, die unterdrückten Massen ...

Die Überfahrt war stürmisch gewesen. Schon in Bremen, wo das Auswandererschiff ablegte, war es windig, eine Vorahnung kommender unruhiger Tage. Einmal glaubten sie, das ganze Schiff versänke in den Wellen, mit Mann und Maus. Sterbenskrank lagen sie in den Kojen. Wenn das der Neuen Welt vorausging, wie sollte das dann erst drüben werden?

Viele junge Menschen befanden sich auf dem Schiff. Alle hatten sie der Heimat den Rücken gekehrt, weil diese keine Zukunft zu bieten schien, weil es Zukunftsmusik gab vom Land der unbegrenzten Möglichkeiten, vom *Promised Land.*

Auch Abenteurer waren darunter, deren Ziel es war, schnelles Geld zu machen und heimzukehren als gemachte Männer. *"Das Geld liegt auf der Straße, und drüben ganz gewiß..."* pflegten sie zu sagen. Aber in der Hauptsache waren es junge Leute, voll Kraft und gutem Willen. Abends, wenn die Sonne hinabsank hinter den unendlichen Horizont, saßen sie beisammen und tauschten ihre Träume aus, ihre hoffnungsvollen Gedanken, die sie zu lösen versuchten von der Heimat, von der sie sich mit jedem Tag weiter entfernten. Gegenseitig machte man sich Mut, wußte von manchem, dem es drüben gut erging. Und Adressen für die ersten Tage hatte fast jeder; man brauchte einen, der für einen bürgte, ansonsten war es sehr schwer, ins Land zu kommen.

Manche kehrten der Heimat nur unfreiwillig den Rücken, andere gingen leichten Herzens und sahen fortan nur nach vorne.

Christian traf so einen. Er hieß Johann und kam von irgendwo aus der Pfalz. Ein ganzes Dutzend Kinder waren sie zuhause gewesen, und immer ein Esser zuviel. Was hatte er da schon zu verlieren?

Johann hatte ein Ziel im Auge: Einer seiner Vorfahren war vor rund fünfzig Jahren ausgewandert und war irgendwo im Mittelwesten Amerikas seßhaft geworden, es gab einen alten Brief mit vergilbtem Datum, der dies bekundete. Allerdings war der Schreiber dieses Briefes seither verschollen. Aber in Johanns Gedanken lebte die fixe Idee, diesen Onkel oder seine Nachkommen ausfindig zu machen.

Wenn sie erst einmal Fuß drüben gefaßt hatten, die Einwandererinsel Ellis Island, wo die Neuangekommenen auf Herz und Nieren geprüft wurden, hinter sich gelassen, würde die große Freiheit offen vor ihnen liegen. Das allerdings, die Insel *"Ellis Island"* war eine harte Barriere: Was kannst Du? Was bist Du? Und wie gesund, wie stark bist Du? Und nicht zuletzt: Wer bürgt für Dich? - Fragen, die manchem zum Verhängnis wurden. Viele, die ihr letztes Geld für die Überfahrt geopfert hatten, alle Brücken abgebrochen hinter sich, und jetzt zurückgewiesen wurden, nicht eingelassen wurden ins gelobte Land, weil sie auf diese Fragen nicht die richtige Antwort wußten.

"Land in Sicht!" Fern im Dunst sahen sie die Umrisse der Freiheitsstatue. Die *"Liberty"* hielt ihre Lampe hoch, um ihnen den Eingang zu erleuchten. *"Gib mir die Müden, die Unterdrückten..."*, in Stein gemeißelt. Aber der Stein war geduldig. Was scherte es die steinerne Liberty, wenn zu ihren Füßen die Ausgestoßenen kauerten?

Einen ganzen Tag lang waren sie den Zweifeln und der Hoffnung ausgesetzt. Dann hob die Liberty ihre Lampe und gab Einlaß zum goldenen Tor. Beide, Johann und Christian, hatten den Test bestanden. Und beide hatten sie Namen von vor ihnen Gekommenen vorzuweisen.

In einer großen Halle, der einem Lagerschuppen voll mit menschlicher Fracht glich, verbrachten sie die erste Nacht. Was sich hier alles drängte an Einwanderern! Menschen aller Rassen und

Hautfarben suchten Einlaß zu finden in dieses Land. Hier brodelte der *"meltet pot of people"*, der Schmelztiegel, der hier seinen Ursprung hatte. Verwirrend waren die Eindrücke in den Docks rund um Manhatten. Wie Standgut lagerten unzählige Schiffe dort, wartend darauf, daß sie von ihrer Ladung befreit wurden und neue Fracht aufnehmen konnten. Einige der Mitreisenden trafen Christian und Johann dort wieder, auch solche, die zurückgewiesen worden waren. Verzweiflung lag in diesen Gesichtern.

Christian erinnerte sich später an diesen ersten Tag nur noch verschwommen, so überwältigend waren die Eindrücke gewesen. Alles war so anders, als er es sich vorgestellt hatte. Was hatte er sich denn überhaupt vorgestellt? Eine ganz andere Welt, andere Berge, andere Täler? Andere Menschen? Oder vielleicht noch Indianer, die mit Pfeil und Bogen auf einen schossen?

Nichts dergleichen war da. Lediglich die Hautfarbe, die Kleidung und die Sprache; aber allesamt waren es Menschen wie er, mit den gleichen Bedürfnissen: essen, trinken, und eine Lagerstatt für die Nacht. Und alle, die in dieses Land gekommen waren in den vergangenen dreihundert Jahren, es besiedelt hatten und bebaut, alle hatten sie einst nichts mitgebracht als sich selbst.

Das merkte er bald, daß nichts zählte in diesem Land als nur das, was man daraus machte, indem man sich selbst einsetzte und auf sich gestellt war, sich aber gegenseitig die Hand reichte, jeder mit seinem Wissen und Können, mit seiner Gabe und Mitgift fürs neue Land.

Zu zweit war es leichter. Keiner von beiden, weder Christian noch Johann, konnten ein Wort englisch, aber es gab genug Deutsche, die vor ihnen gekommen waren, und jeder gab das, was er wußte, hilfsbereit weiter.

Christian und Johann beschlossen, ein Stück Wegs zusammen zu reisen, bis sich ihre Wege irgendwo trennten im Herzen der Staaten.

Johann wollte seine entfernten Verwandten aufsuchen und sein Glück probieren, Christian zog es nach Iowa, wo er von Landsleuten wußte. Sie tauschten diese Anschriften aus, und sie versprachen sich, zu schreiben.

Christian verstand kein Wort von dem Kauderwelsch um ihn herum, als er endlich in einem Eisenbahnabteil saß. Er versuchte, wenigstens den Sinn der Gespräche zu erfassen, gab es aber bald wieder auf. Die Landschaft draußen nahm ihn gefangen. Irgendwie brachte sie seine Vorstellungen durcheinander. Da durcheilte der Zug eine Welt, die so sehr der seinen glich, die er vor wenigen Wochen verlassen hatte. Die Sonne schien auf Wiesen und Wälder und grüne Fluren. Nur größer und weiter schien alles, unendlich dehnten sich die Ebenen. Kein Bauer zog in einem eingegrenzten Acker seine Furche, keine Ochsen oder Schafftiere mühten sich vor einem Pflug. Und als sich seine Augen endlich an die Weite etwas gewöhnt hatten, vermißte er etwas, und es dauerte lange, bis ihm bewußt wurde, was ihn irritierte. Die fehlenden Burgen und Schlösser, Burgruinen oder Spuren früherer Bewohner waren es, die fehlenden Silhouetten steinerner Zeugen auf den Berggipfeln und Hügeln. Wie dies doch in des Alten Welt so selbstverständlich war, wo jede Erhebung im Land an Schutz und Trutz und an früher Dagewesene erinnerte, wo überall Dörfer und Städte waren. Hier schien es keine Spuren von Menschen zu geben; nur gerade hier, in diesem Eisenbahnabteil, nirgendwo sonst,

Aufgeregt hielt Christian Ausschau nach einem Zeichen. Laut sagte er den Namen der Stadt, wohin der wollte, vor sich hin. Plötzlich sprach ihn ein Mitreisender an, in seiner Muttersprache. Er hatte Christian schon eine Weile beobachtet. Woher und Wohin - die alte Frage - und der Anfang war gemacht, das Band war geknüpft.

Lebenszeichen - 1929

"Meine Lieben daheim!

Endlich will ich Euch ein Lebenszeichen senden. Nach einer langen Zeit des Suchens in diesem unwahrscheinlich weiten Land habe ich Arbeit und Unterkommen bei Landsleuten gefunden, die bereits vor einigen Jahrzehnten hier einwanderten. Ich vermag mir gut vorzustellen, wie schwer sie es damals hatten, als nichts da war außer der Prärie. Sie haben erzählt von vielen Mühen, die sie durchgemacht haben, und oftmals waren sie am Ende. Aber ein Zurück hat es nicht gegeben, und so haben sie immer wieder von neuem angefangen.

Jetzt haben sie große Herden von Rindvieh, und Pferde sind in weitläufigen Koppeln untergebracht und brauchen nicht mehr Pflüge und Wagen ziehen. Das haben Traktoren übernommen, ohne die ich mir das Leben und Arbeiten hier überhaupt nicht vorstellen kann. Allerdings habe ich das Pferd sehr schätzen gelernt. Es ist imstande, einen von einer Farm zur anderen, die meilenweit entfernt ist, zu bringen, was den Fahrzeugen mangels befahrbarer Wege nicht möglich ist. Ein Leben ohne Pferde wäre trotz der aufkommenden Maschinen nicht denkbar.

Es wird Mais, Weizen und Sojabohnen angebaut auf riesigen Feldern, in die man unsere Äcker daheim vielemale reinstecken könnte. Im letzten Jahr hatten wir einen bösen Wind und Sturm, der den oberen guten Boden wegtrug mit der kurz vorher eingebrachten Saat, so mußten wir nochmals einsäen. Dann kam noch eine arge Trockenheit hinzu, so daß die Ernte recht schmal ausfiel. Dem kommenden Winter sieht man nicht mit Freuden entgegen.

Auch ist viel die Rede von einer großen Depression, die das Land und besonders die Städte heimsucht. Die Leute dort sind ohne

Arbeit. Viele kommen aufs Land, nur um des Essens willen. Es scheint keine gute Zeit zu sein um auszuwandern. Trotzdem kommen täglich viele und landen in Amerika, dem gelobten Land, das ihnen immer noch tausend Möglichkeiten verspricht. Auch vom Goldrausch ist die Rede, und man darf sich nicht beeinflussen lassen von den Durchziehenden, die behaupten, irgendwo auf Gold gestoßen zu sein.

Viele Einwanderer werden nach Ellis Island gebracht in Quarantäne. Man prüft sie dort auf Herz und Nieren und fragt sie nach dem, was sie können und in dieses Land einbringen wollen.

Auch ich bin dort durchgeschleust worden und war sehr froh, daß ich angeben konnte, was ich alles gelernt habe. Mein Beruf kommt mir hier in allen Teilen zugute.

Trotzdem trachte ich nach einem Weiterkommen. Nun bin ich der Heimat entronnen, weil ich dem Bauernstand nicht die nötige Lust und Liebe zollen konnte, und jetzt bin ich hier mit nichts anderem beschäftigt, nur in weit größerem Maße. Daß ich fast immer die Traktoren fahren kann, macht es aber immerhin leichter für mich.

Es hat viele Probleme mit dem Alkohol gegeben, deshalb ist jetzt ein Verbot erlassen worden. Schwarzbrennerei und dergleichen wird sehr hart bestraft. Trotzdem gibt es viele geheime Brennereien. Die Menschen betrinken sich, weil sie keine Arbeit haben, und suchen Trost im Saufen. Es kommen manchmal Leute bei uns vorbei und man weiß, daß sie nur ein Versteck für ein paar Tage suchen.

Von der alten Heimat weiß ich nicht viel, obwohl ich jede Nachricht und jede Notiz in der Zeitung begierig verfolge. Es scheint aufwärts zu gehen mit allem, und auch mit der neuen Partei. Oft denke ich an daheim, und wie doch alles so anders war."

1930

Christian lag auf dem Bett in seiner Kammer. Er hatte die Arme hinter dem Kopf verschränkt und sah hinaus zum Fenster, hinauf zu dem Rechteck am Himmel. Kleine Sommerwolken zogen darüber hin, leise und sacht, ohne Hast, als wäre nie und nimmer und nirgendwo die Welt aus den Fugen. Aber in seinem Innern gärte es. Es hielt ihn nicht länger auf dem Lager, er stand auf und lief in der Kammer auf und ab. Heute war Sonntag, Zeit zum Nachdenken. Und seit gestern lag in der Schublade der kleinen Kommode ein Brief, den er nach flüchtigem Lesen dort verwahrt hatte.

Er mußte an den Brief denken, den die Mutter einst hervorgeholt hatte, und der so bedeutungsvoll für ihn geworden war. Einige Male hatte er schon heimgeschrieben, und die Briefe waren beantwortet worden von der Mutter Hand, und Grüße von den Geschwistern, und daß man an ihn denke. Immer waren es besondere Tage, wenn von daheim ein Brief kam, aber sie verstärkten auch das Heimweh, das ihn am Anfang furchtbar plagte, so daß er oft gedacht hatte, nie darüber wegzukommen. Aber eine Möglichkeit zur Umkehr hatte es nie gegeben. Eines Tages war die Heimat in seinem Innern wie ein weicher, warmer Teppich ausgebreitet, und das schier unüberwindliche Heimweh war damit zugedeckt. Seine kargen Briefe an daheim sagten nichts darüber. Es gehe ihm gut, und sie sollten sich keine Sorgen um ihn machen. Es stimmte ja auch alles. Er hatte zu essen und ein Dach über dem Kopf, worüber sollte er sich beklagen?

Dieser Brief in der Kommode aber war von Johann, und er hatte ihn nach langer Irrfahrt endlich erreicht. Johann schrieb, er habe nach vielen Enttäuschungen endlich eine Arbeitsstelle in einem aufstrebenden Automobilwerk gefunden. Man brauche dort findige Köpfe, und besonders Leute deutscher Abstammung würden bevorzugt. Obwohl viele vor den Toren warteten, sehe er doch für Christian eine Chance.

Armut, Arbeitslosigkeit, Angst und Hoffnungslosigkeit war der Kokon, der sich um die Menschen spann in diesen Jahren. Hüttenstädte wuchsen am Rande der Städte. Täglich kamen neue Kolonnen von Menschen, die Arbeit suchten. Sie kamen auf den Landstraßen, per Anhalter, auf Lastwagen. Arbeitslose Männer versammelten sich in Parks oder freien Plätzen, Verzweifelte kamen an die Türen und baten um eine warme Mahlzeit. Alle waren begleitet von der Hoffnung, Arbeit zu finden und später ihre Familien nachkommen zu lassen. Oft suchten sie Trost im Alkohol, der Schwarzhandel mit Schnaps blühte. Alkohol herzustellen oder damit zu handeln war gesetzlich verboten. Die *"Prohibitiontime"* währte bis 1933. Zu der Arbeitslosigkeit kam noch der Mißbrauch von Alkohol, und viele landeten im Gefängnis. Die Zeitungen waren voll von diesen Mißständen, auch Christian wußte darum. Sollte er seine relative Sicherheit auf der Farm verlassen, um sich einem ungewissen Schicksal auszusetzen? Die Massen vergrößern, die in Hoffnungslosigkeit an den Stadträndern dahinvegetierten? Hier hatte er sein täglich Brot, die Weite des Himmels über den Feldern, und seine Hände hatten Arbeit. Was also wollte er mehr?

Aber er war ein Knecht, und kein unabhängiger Mann. Er tat, was ihm aufgetragen wurde, Tag für Tag.

War er deshalb von so weit hergekommen? War dies das Ende seiner Träume? Frei zu sein, vielleicht ein eigenes Unternehmen zu haben, hier im Land der unbegrenzten Möglichkeiten? Immer noch kamen die Massen zu diesem Land, das in seinen Weiten wohl unbegrenzt war, nun aber in Hoffnungslosigkeit, der *Great Depression*, zusammenzubrechen drohte. Was erwartete ihn? Erneutes Ausgesetztsein, erneuter Kampf ums täglich Brot?

Christian litt es nicht mehr in der engen Kammer. Nur fort von hier, fort von den quälenden Gedanken!

Er verließ das Haus und rannte ins freie Feld, immer weiter hinaus, bis er sich plötzlich inmitten des Maisfeldes befand. Die Kolben färbten sich bereits gelb und gaben einen Schimmer goldener Fäden frei, die sich wie Seide anfühlten.

Christian brach einen Kolben, schälte ihn ab und biß in die noch weichen, reifenden Kerne. Längst hatte er sich an das *"Sweetcorn"* gewöhnt, das Mensch und Tier gleichermaßen ernährte. Er liebte es, jetzt einen Kolben zu brechen und die Reihen abzuessen, *"von einem*

Ohr zum andern", wie es die Farmerskinder taten. In der alten Heimat waren es die Äpfel und Birnen gewesen, die man frisch vom Baum holen konnte, hier waren es die Maiskolben. Bald würde man die Maisernte einholen, und sie versprach heuer einen guten Ertrag.

Und er? Was würde er machen?

Schon einmal war es ein Brief gewesen, der zum Wegweiser für ihn wurde. Damals war er fortgezogen, ausgewandert in dieses weite Land. War dieser Brief nun wiederum das Zeichen, weiterzuziehen, nicht stehenzubleiben auf halbem Wege? Nichts kam von ungefähr, immer gab es Zeichen und Anstöße, man mußte sie nur sehen.

Mit einemmale wußte er es. Ja, er würde gehen. Gleich heute noch würde er diesen Brief beantworten.

Jetzt, da er an Johann geschrieben hatte, war er ganz ruhig. Seine Leute ließen ihn ungern ziehen, zeigten aber auch Verständnis für ihn.

Nach Jahren traf Christian den Freund wieder. Johann war dabei, eine Familie zu gründen. Er hatte Glück gehabt, neben einer Arbeitsstelle auch eine kleine Wohnung am Rande der Großstadt zu finden. Fürs erste konnte Christian dort unterkommen. Und auch ihm war das Glück hold! Er fand Arbeit in einem großen Automobilwerk. Endlich durfte er mit dem Erträumten arbeiten, wenn auch nur mit ganz winzigen Teilen und als ganz kleines Rädchen im großen Getriebe.

Wieder fing Christian ganz von vorne an. Noch winziger war jetzt seine Kammer, hart und lang war die Arbeitszeit. Das knapp verdiente Geld langte kaum, um auch noch etwas davon auf die Seite zu legen. Trotzdem war er glücklich und besser dran als viele andere, die draußen standen. Hier in der Stadt gelang es auch endlich, die Sprachbarriere zu überwinden. Englisch zu lernen und es auch zu sprechen war pure Notwendigkeit, wie anders sollte man sich sonst in diesem Völkergemisch verständigen. Aber es brauchte viel guten Willen und eiserne Beständigkeit, diesem Land den Lohn abzuringen.

1933

war das Jahr, in dem in Chicago die Weltausstellung eröffnet wurde, das Jahr, in dem das Alkoholverbot endlich abgeschafft wurde. Die Sorgen wurden dadurch nicht geringer, und oft suchten die Menschen Vergessen im Alkohol. Es war das Jahr, in dem die Zeitungen von einem neuen deutschen Kanzler berichteten, der Arbeit und Brot für jedermann versprach.

Christian war wieder dort angekommen, wo er begonnen hatte in diesem Land, auf einer Farm. Die Scholle hatte ihn wieder, sie schien ihn nicht loszulassen.

Kurz vor Aufhebung des Alkoholverbots war es gewesen, als er in eine Gruppe von Schwarzbrennern geraten war. Das Unternehmen war entdeckt worden, und sie hatten alles im Stich lassen und flüchten müssen. Die Weite des Landes hatte die Männer schließlich verschluckt, aber Arbeit und Sicherheit waren einmal mehr verloren gegangen.

Briefe von daheim waren lange nicht mehr gekommen. Oder sie lagen bei Johann, dem Christian bisher noch keine neue Adresse mitteilen hatte können, weil er auf Wanderschaft quer durchs weite Land war? Ein paar Wochen da, einige Zeit dort - für das tägliche Brot konnte man ein paar kräftige Arme wohl gebrauchen. Christian war vogelfrei, und eigentlich beflügelte ihn dieser Zustand eher, als daß er ihn bekümmerte. Er fühlte sich wie der Hans im Glück, der seine schweren Lasten letztendlich gegen die Freiheit und Schwerelosigkeit eingetauscht hatte. Gefiel es ihm hier nicht mehr, pfiff er sich eins und zog weiter.

Oft fragte er sich, was zuhause in der alten Heimat wohl vor sich ging. Einiges schien sich dort zu verändern. Wie mochte es der Mutter, dem Bruder und der Schwester ergehen? Manchmal griff er nach dem kleinen Bildnis im abgegriffenen Rahmen und hielt stumme Zwiesprache. Er nahm sich vor, gleich morgen an die Lieben daheim zu schreiben, wenigstens ein paar Zeilen. Dann war der neue Tag wieder da mit all seinen Erfordernissen und die Zeilen blieben ungeschrieben in seinen Gedanken. Das Heimweh konnte aus irgendeinem Anlaß, von einem Zeitungsbericht etwa, wieder aufbrechen.

Christian wehrte sich dagegen und verschloß die Erinnerung an daheim fest in seinem Innern. An einen Besuch der alten Heimat war überhaupt nicht zu denken! Und niemals würde er nach Hause zurückkehren ohne sagen zu können: *"Seht her, es ist etwas aus mir geworden!"*

Nein, die Träume hatte Christian nicht verloren, als er im Herbst 1933 in den Norden der Vereinigten Staaten kam und Arbeit fand in einer Fabrik für Futtermittel. Unterkunft bot ihm wiederum ein Bauernhaus, eine Farm, wo man einen Arbeiter, und sei es nur nach Feierabend, gut gebrauchen konnte. Aber nicht umsonst hatte ihn das Schicksal quer durch dieses riesige Land geführt, über den Süden und Mittelwesten, über Rinderfarmen und Cowboyfreuden, über Arbeitskampf um Lohn und Brot, über reiche Sommer und kalte Winter - um ihn am Ende nicht den Hafen in der neuen Heimat finden zu lassen!

Hier, in der mittelgroßen Farm im Staat New York, wo man neben Getreide und Mais auch Weinberge und Rebstöcke pflegte, war für Christian Endstation und Ziel. Es war die Farmerstochter Gertrude, die ihn nicht mehr losließ. Neunzehn Jahre jung war Gertrude und ein hübsches, fröhliches Mädchen. Vor knapp einem halben Jahrhundert waren ihre Eltern aus Deutschland eingewandert und hatten mit dieser Farm ihre neue Heimat gegründet.

"Go Wanda!" befahl der Reiter und gab dem Pferd die Sporen. *"Lauf Wanda!"* Und Wanda lief und lief, bis zu diesem Fleckchen Erde unter dem weiten Himmelsbogen, wo sanfte Täler und erhabene große Hügel sich ausbreiteten.

Da hielt das Pferd an mit seinem Reiter, schnaubte durch die Nüstern und schüttelte seine Mähne, es scharrte mit den Hufen und hob den Kopf: *Hier ist gut sein, hier laß uns bleiben!*

Gowanda - so sagt es die Legende - ist daraus geworden. Und hier lag auch das Land, das Christian in seinen Träumen vom *"Promised Land"* gesucht hatte!

War es am Anfang auch nur eine kleine Farm, mit einigen Duzend Rindern und Pferden auf der Koppel, stattlichem Hühnervolk und der Schäferhündin *"Beauty"*, so kamen doch bald andere Bewohner dazu, deren Herz und Leben die Motoren ausmachten.

Die Zeit für die Verwirklichung eines Traumes war gekommen! Christian erwarb seinen ersten Truck, einen Lastkraftwagen, dem bald weitere im gutgehenden Fuhrgeschäft folgen sollten. Mit Gütern aller Art fuhren die Trucks gen Süden und Norden, nach Ost und West, und machten ihrem Herrn alle Ehre.

Es kamen die Kinder, drei Töchter und ein Sohn. Das Söhnchen durfte nicht lange dableiben auf dieser Erde. Die drei Mädchen aber wuchsen auf an dem Ort, wo das Pferd Wanda einst seinem Herrn zugeflüstert hatte: *Hier bau dein Haus... hier laß uns bleiben...!*

Wir fanden dies auch, daß es eine gute Bleibe war.

Weit dehnte sich das Land und die Wiesen um ein stattliches Anwesen. Pferde grasten lässig auf der Weide, ein wildbewachsener Bach - ein *"Creek"* - schlängelte sich im Tal, einzelne Weidenbäume wiegten sich sacht im Winde. Kein Zaun und keine Begrenzung störten den Blick. Unseren fragenden Augen bedeutete Christian nur ein Hinaussehen in die unerforschlichen Weiten. Unnütz, hier weiterzufragen, mit unserem schwäbischen Horizont.

Im Laufe der Tage aber lernten wir es schnell, das Land nicht als Besitz zu betrachten, sondern als Geschenk der Natur, als Gabe, die es zu verwalten und nicht auszunützen gilt. Die Pferde auf der Koppel in ihrer erhabenen Art wußten das, und selbst das Hühnervolk in den Wiesen schien es von Anbeginn an in sich zu tragen.

Im enorm großen Anbau standen die Trucks, soweit sie nicht auf Tour waren. Christian selbst war nicht mehr unterwegs damit, seit ihm eine angeschlagene Gesundheit Beschränkungen auferlegte.

Aber die Motoren waren ihm wie eigene Kinder geblieben, und er hegte und pflegte sie wie seine Töchter. Er wußte ebenso Rat, wenn sich die Mädchen das Knie aufgeschlagen hatten, wie auch dann, wenn im Getriebe ein Rädchen nicht mehr funktionierte. *"Fixing the car..."* erhielten wir stets zur Antwort, wenn wir nach dem Onkel fragten. Und immer fanden wir ihn dann unter so einem Vehikel.

An jenem Tag ließ er den Neffen den reparierten Car testen. Der hatte ja die Liebe zu den Cars auch im Blut, aber seine schwäbische Gründlichkeit hatte noch den empfindsamen Sinn, der den Onkel nicht mehr zu stören schien, obwohl man den Verdacht nicht los wurde, daß er ihn einfach ignorierte.

"Du fährst!" befahl er liebevoll dem Neffen und setzte sich auf den Beifahrersitz. Wir andern durften hinten einsteigen. Erfreut beeilte sich der Neffe, das Angebot anzunehmen. Er steckte den Schlüssel ins Zündschloß und startete. Der Car tat einen bockigen Satz und schnellte zurück zum Boden, während es hinten knatterte wie aus einem Maschinengewehr. Dann besann sich der Car aber seines Besitzers, fauchte noch einmal ungnädig auf und begab sich auf Erfolgskurs. Erschrocken sah der Neffe den Onkel an, auf alles und auf eine Höllenfahrt gefaßt, den Onkel schien das aber nicht zu erschüttern. Mit keinem Anzeichen eines Funkens von Erschrecken - bloß so einen knitzen Zwinker im Auge - meinte er unschuldig: *"But it runs... - es läuft doch..."*

Bis ins sonnenreiche Florida war er mit seinen Trucks gekommen und weiter noch, hinüber in den Wilden Westen, und vieles hatte da der Onkel erlebt. Es stand in seinen unwahrscheinlich blauen Augen geschrieben und es war schwer, es dort herauszuholen. Große Worte hatte der Onkel nicht gemacht in seinem Leben, aber weite Fahrten. Als es ihm später im kühlen Norden im Winter zu ungemütlich wurde, verbrachte er die kalte Jahreszeit in seinem Haus in Florida. Auch dort durften wir ihn einmal besuchen. Jetzt waren Reisen möglich geworden, ein Katzensprung sozusagen von der alten Welt zur Neuen. Für den Onkel war es keine große Sache, in einer Tour vom tiefen Süden hinauf in den hohen Norden zu fahren, nur von den unerläßlichen Kaffeepausen in den Raststätten unterbrochen. Der Car lief - er lief nach des Onkels Willen!

"Bist denn nie steckengeblieben... oder krank geworden... Zahnweh oder so...?"

Ach ja - der Onkel schien in der Erinnerung zu kramen: Als er sich plötzlich zwischen Lastwagen und Anhänger befunden hatte, und es einfach krachte in seinen Knochen - nur eine neue Hüfte, und dann halt noch eine - und schon lief alles wieder wie geschmiert. *"Hast's nicht besser verdient!"* Liebevoll pflegten ihn seine Töchter zu necken.

"Was Ihr immer habt mit dem Zähneputzen... Da schaut her!" Und stolz zeigte er fast fehlerlose Beißerchen, deutete verächtlich auf unsere Zahnbürsten und Gurgeleien am Morgen. Wir konnten da bloß staunen. Einmal - auf so einer weiten Fahrt, und keine Menschenseele weit und breit, ist ihm doch der eine ganz hinten fast zum Verzweifeln geworden, hat ihn fast aus dem Kopfhäusle gebracht mit Zucken und Erbärmlichkeiten. Aber dem hat er getan dafür! Hat ihn einfach beim nächsten Halt nach Wildwestmanier selber herausgezogen, an der Türschnalle mit einem Seil...

Das Land der unbegrenzten Möglichkeiten! Christian hatte seine Möglichkeiten reichlich erprobt, aber am Ende auch seine Grenzen entdeckt.

Manchmal hatten wir drüben den Eindruck, als wäre die Zeit der unbegrenzten Möglichkeiten stehengeblieben. Da waren die riesigen weitangelegten Weinberge, eigentlich keine Berge, sondern Weinfelder, so weit man sehen konnte. Einst wohl mit Mühe und Liebe angelegt, mitgebracht im Grundstock aus der alten Heimat.

Jetzt im August war es ein weites, grünes Feld, mit Trauben dazwischen, grün noch, und großbeerig wie Trollinger. Kaum auszumachen auf den ersten Blick die Drahtanlage, die Stickel und Drähte: alles war im dichten Gestrüpp verschwunden, im grünen Dschungel der Reben. Mitten in der Wildnis kündete ein verrosteter Pflug vom einstigen Dasein seines Herrn: untätig dämmerte das Gerät vor sich hin, wie gerade verlassen von der Arbeit, einfach stehengelassen.

Ganze Flächen mit struppigem Steppengras bewachse: einst war es fruchtbares Land gewesen, von Siedlern gefunden und bebaut. Nun brauchte man es nicht mehr. Da vegetierte es vor sich hin, trieb die schönsten Biofrüchte, daß einem das Herz im Leibe lachte, rein zur Freude der Natur, niemand brauchte den Ertrag.

Freuen hätte man sich können an der wiedergefundenen Urwüchsigkeit! Aber da waren die verkommenen Ackergeräte, die eine andere Geschichte erzählten, stumm und doch beredt, eine Geschichte von Mühe und Sorgen und Arbeit und Leben, und vom Übrigsein.

Ob sie damals ihr Viertele geschätzt haben?

Weintrinker sind sie nicht, die Amerikaner! Hauptsächlich wird Weingelee gemacht aus den Trauben. Der Wein kommt von Kalifornien, wo er noch besser gedeiht.

Aber Vollernter hatten sie doch schon, im Jahre 1977.

Christian hatte einst vor fünfzig Jahren im Wengert geschafft, mit dem Karst und der Felghaue und von Hand, und mit dem Rebscherle war man ins Traubenlesen gegangen. Fünfzig Jahre waren das her, und die Welt hatte sich umgekehrt inzwischen, zumindest was die Handarbeit anbetraf.

"Das kennt Ihr doch auch, das Ernten mit dem Vollernter?" Der Onkel zweifelte nicht daran. Aber als wir verneinten, freute er sich: *"Den zeig' ich Euch!"*

Wir fuhren hinaus zu den Grapefields, den ausgedehnten Weinfeldern. Als wir uns dem Farmgebäude und den Stallungen näherten, sahen wir eine Herde Kühe mit prallen Eutern vom Wiesental hereintrotten. Milch und Wein - hier schien es gleichermaßen zu fließen! Vor dem Gatter zu einem langgestreckten Betonbau blieben die Kühe stehen. Der Cowboy - oder war es der Milchboy - öffnete das Tor, und die Kühe kamen ordentlich hintereinander in einen breiten Gang, wo sie von geschickten Helfern an die Melkmaschine angeschlossen wurden. Für die Tiere war der alltägliche Gang durch die Technik wohl Routine. Sie bewegten sich wie gedrillte Wesen, während ihre Milch in sauberen Röhren direkt in die großen Auffangbehälter zum Weitertransport floß. Auf der anderen Seite der Melkstation sammelten sich die ihrer Last entledigten Tiere wieder und verschwanden im Trott auf der Weide.

Wir fragten nach den Rebanlagen und wurden zum Haus verwiesen. Vor der Haustüre hockte ein dichtes Knäuel mit Katzen und Kätzchen, und sie stoben davon nach allen Seiten, als die Menschen es wagten, ihr Nachmittagsschläfchen zu stören.

Das Bild alter Tage, Frieden und Beschaulichkeit, wurde jäh gestört, als der Hausherr dieser Besitzung ein breites Tor zum angrenzenden Schuppen öffnete und ein Ungeheuer mit kalten Glotzaugen sichtbar wurde. Natürlich könne er uns den Traubenvollernter nicht an Ort und Stelle vorführen, die Trauben seien ja noch grün, meinte der Farmer. Das würde noch eine Weile dauern, bis das Ungeheuer mit seinen kleppernden Fangarmen die reifen Trauben in seinen Sog ziehen und die Beeren abstreifen und zerquetschen würde. Der Mann ließ den Vollernter anlaufen, und dieser malmte unheimlich und leer vor sich hin. Wir hofften im Stillen, daß uns diese Technik daheim doch nicht so bald einholen möchte und wir unser braves Wengertscherle noch eine Weile behalten dürften, samt dem Drumherum im Herbst. Ob denn das rauhe Abklatschen nicht doch zum Nachteil... *"Aber nein"*, wurden wir belehrt, *"ganz im Gegenteil..."* Und zum Beweis brachte uns der Hausherr einen hervorragenden Rotwein in der Flasche. Allerdings würden die meisten Trauben zu Gelee verarbeitet. Aber der Wein schmeckte gut, nur mit einem ganz anderen Bodengfährtle als daheim.

In einem späteren Sommer war es dann, als wir wiederum Einblicke bekamen in das Land der unbegrenzten Möglichkeiten.

Heiße Tage, Zeit der Garten-Party's mit Punch und Cola. Auf meine Bitte nach einem Gläsle Wein gabs ein ganz profanes Wasserglas halbvoll mit Wein und ein paar Eiswürfel flugs dazugeworfen! Ein Schorle war's so aber auch nicht!

Aber das Bier! Unterwegs auf Highways, unendlichen Landstraßen, in heißer Sommerzeit - und endlich ein Kiosk..., und dann jedesmal die tödliche Antwort auf die Frage nach einem kühlen Bier: *"Sorry, M'm, no Licence..."* Hat es denn in der Zeit vor 1933, in der Zeit des Alkoholverbots, so schlimme Dinge gegeben, daß der Schrecken bis in unsere durstigen Tage hineinreicht?

Uns zu Ehren wurde natürlich ein *"Big Dinner"* gegeben.

Schon am Nachmittag hatte ich mich gewundert, als Cousine Beverly einen Futterkorb voll Cornkolben - für mich sind das immer noch Welschkornbutzen - in einen Riesenkessel schichtete zum Weichkochen. *"Ob wir vielleicht ein Outsidedinner..." "und das zusammen mit den Pferden..?"* Beverly lachte: *"Don't You know Corn? It's delicious and it's for us..."* Wirst schon sehen, wie das gut ist!

Na ja, das Corn, die Welschkörner, die waren bei uns daheim auch schon aufgetaucht, aber das in Dosen nach dem Krieg, und ansonsten war mir dieses als Futtermais und Hühnerfutter ein Begriff. Ob wir denn das Mais oder das Corn nicht besser vorher ausgebrockelt hätten? Aber das Fragen unterließ ich besser: Landart - Landsitte! Und man muß das Welschkorn oder Mais dort essen, wo es wächst, und die Kartoffeln und Bohnen auch! Alles hat sein Bodengfährtle, auch der Wein, der auch am besten da schmeckt, wo er gewachsen ist. Es sind nicht *"Äbbiere"* aus dem Schwabenland, es sind rote sandige Kartoffelknollen von irgendwo aus den Staaten, und *"kleine und große"* wie bei uns scheint es dort auch nicht zu geben, sie haben unmögliche Beulen und unzählige Augen und sind riesengroß. Freud' und Leid beim Schälen!

Hinten im Garten, oder mehr auf dem Feld, wo man nach dem Grundsatz sät und erntet: *"Lasset alles wachsen bis zur Ernte"*, haben wir die Tomaten und die Gurken und Zuccini und Bohnen und den Salat zwischen dem anderen Grünzeug herausgeholt, reif und gesund und ausreichend für alle! Bioanbau - und Unkraut gibt es nicht mehr!

Das Dinner am Abend war rustikal. Zum Truthahn, der seit dem Nachmittag im Ofen geschmort hatte, gabs Gemüse und Corn - speziell für jeden einen weichgekochten Welschkornbutzen, individuell mit Butter zu bestreichen und zu salzen! Obwohl es wunderbar schmeckte, blieb doch noch einiges für die Gäule - *was der Bauer nicht kennt...*

Die Verwandten hatten uns eingeladen, mitzukommen ins Cottage, ins Ferienhaus auf einer der Inseln der *"Thirty thausand Islands"* in den Georgian Lakelands an der Huron Bay in Kanada. Das Ferienhaus wurde bereits Anfang 1920 dort gebaut und ist häufiges Urlaubs- und Ferienziel. Rund vier Autostunden sind es von Christians Landsitz unweit der Niagarafälle. *"Die Wasserfälle sind ein Wunder, das dort, das Inselland, das ist Infinity, Unendlichkeit"*, meint Beverly, und ihre Augen haben einen fernen Schimmer. *"das ist unendliche Weite... Du bist weg von der bösen Welt, kannst den Himmel in Dir selber finden..."* Aber im Winter, wenn kein Boot mehr durch das Eis seinen Weg findet, die Eiszapfen vom Dach zum Fenster hereinblinzeln wie funkelnde Brillanten, da mag auch Beverly lieber nicht hier sein, da könnte die Unendlichkeit leicht zur belastenden Einsamkeit werden.

Rund 30.000 Felseninseln lassen sich nicht ermessen, nur erahnen. Der Blick sucht die weite, glitzernde See und immer wieder Baum-

und büschebestandene Inseln, wie riesige Felsenbatzen im Meer hockend. Sobald eine Insel einen Baum beherbergt, ist sie eine bewohnbare Insel. Lustig flattern kleine Fahnen auf halbversteckten Dächern, ein Zeichen, daß die Insel bewohnbarer Besitz ist. Manchmal entdecken wir das Schild *"for sale"* - eine ganze Insel steht zum Verkauf! Es sieht aus, als wäre da unten ein Topf, oder unzählige Töpfe mit Brei gewesen, die ständig übergekocht sind und immer neue Lagen gebildet haben. Irgendwann vor der Eiszeit muß das gewesen sein. Aber so einsam wie Robinson wäre man in dem bunten Riesenbatzen-Inselland nicht mehr, die Georgian-Lakelands sind heute Nationalpark und Feriengebiet.

Über ausgedehntes Flachland der Provinz Ontario an der Hauptstadt Toronto vorbei erreichen wir Honey Harbour, das Picknick-Resort und Endstation fürs Auto. Der kleine Hafen liegt voller Schiffe, oder besser gesagt Boote.

Im geräumigen Warenhaus kann man sich eindecken mit dem Bedarf für die Inseltage. Die einzelnen Inseln sind nur per Boot und zu Wasser zu erreichen. Beverly's Ehemann Dave besitzt den Führerschein für die Wasserstraßen. Dave wirkt wie ein alter Seebär mit dem Vollbart und den zu wissenden Schlitzen zusammengezogenen Augenlidern. Die Kapitänsmütze auf dem buschigen Haar steht er wie ein Fels am Steuer seines Motorbootes und führt uns sicher durch die mit bunten Bojen gekennzeichneten Wasserstraßen. Es gibt gefährliche Unterwasserfelsen, und nur Kundige trauen sich auf diese Strecken.

Am Bootssteg, rund 100 Meter von unserem Cottage entfernt, legen wir an. Dave macht das Boot fest und wir steigen aus. Eine Treppe aus gehauenen Steinen führt hinauf zum hinter Gebüsch versteckten Haus. Wir sind im Domizil wildromantischer Westernträume gelandet. Im Erdgeschoß befindet sich ein rustikal eingerichteter Wohnraum, von dem wie im Western-Saloon halbhohe Schwingtüren abgehen zu den Schlafstätten, sehr zünftig ausgestattet mit Bärenfellen und Jagdtrophäen. Eine große Holztreppe führt nach oben, wo sich weitere Schlafgelegenheiten befinden. Die Küche ist mit fließend Wasser und Kühlschrank ausgestattet. Dank Elektrizität gibt es helles Licht und sogar Fernsehen. Ein Duschraum und Toiletten befinden sich im Anbau.

Unsere kleine Inselwelt ist schnell erforscht. War *"unser"* Cottage einst das einzige auf der Insel, so lugen jetzt gleich um die nächste Gebüschgruppe weitere Dächer und Schornsteine hervor. Der *"Fireplace"* und das traute Kaminfeuer dürfen in der Romantik nicht fehlen. So klein ist unsere Insel gar nicht! Uralte Bäume und moosbewachsene Felsen! Die Bären, die hier einst gehaust haben, sind längst den neuen Inselherren gewichen.

Ein klein bißchen fühlen wir uns doch als freiwillig Gestrandete, wenn am Abend eine rotgoldene Sonne in glitzernder Unendlichkeit versinkt. Wir sitzen in bequemen Rockingchaires, Schaukelstühlen, auf der Veranda, vergessen unsere Welt in dieser Abgeschiedenheit. Die Racoons, die niedlichen Waschbären, kommen zutraulich bis in der Menschen Behausung und lassen sich füttern. Stille, Unendlichkeit liegt über der Inselwelt.

Nach viel zu kurzen Tagen kehren wir zurück in unsere Welt. Das Boot bleibt fest vertäut in Honey-Harbour, bis zum nächstenmal. Die Autos warten.

Im Land Ontario ist Erntezeit. Riesige Ungeheuer mit Glotzaugen rattern über die Felder und dreschen das Getreide. Andere Maschinen wickeln das Stroh zu haushohen Rädern. Die Abendsonne fällt in schimmernden Strahlen über einen spiegelnden See, Schatten und Muster zeichnen sich im Windspiel.

Dann sind wir an den Niagarafällen, den mächtigen in die Tiefe stürzenden Wassermassen. Im Museum wird's gezeigt: einer überlebte das Hinunterstürzen in den Fluten - in einem Faß!

Wir machen diese Reise besser mit den Augen und im Peoplemover, dem Ausflugsbus, der die Leute zu den Aussichtsplattformen bringt. Oder mit der *"Maid of the Mist"*, dem Schiff, das durch die sprühenden Wassernebel fährt.

Oh herrlicher *"American Way of life"!* Wo man am Abend nach so einem Tag noch schnell grad im Vorbeigehen das Picknick mitnimmt für den heimatlichen Garten und die wartende Porch, die Veranda, wo in einer unvergleichlichen Sommernacht Unendlichkeit verklingt.

Rückblick

Mutter Mina hielt einen Brief in den Händen. Briefe schienen ihr zum Schicksal geworden zu sein. Sie drehte den Brief um und las den Absender. Christian! Ihr Sohn Christian hatte geschrieben! Mina ging ins Haus. In der Küche legte sie das Schreiben auf den Tisch und betrachtete es lange. Endlich nahm sie ein Messer und öffnete den Umschlag. Sie zog den Briefbogen heraus und sah auf fremd anmutende Wörter und Sätze.

"Liebe Mutter..." stand da, und viele Zeilen in fremder Sprache. Doch da, ganz am Schluß, die Handschrift von Christian *"...es geht uns allen gut..."*

Es folgten viele Briefe. Christians Frau Gertrude war eine fleißige Schreiberin. Fotos lagen den Briefen bei, Bilder von einer jungen Familie, Bilder von Haus und Anwesen. Die Hoffnung auf ein Wiedersehen in der alten Heimat lebte neu auf.

Zwanzig Jahre alt war Christian gewesen, als er im Jahre 1927 die Heimat verlassen hatte. Als es dann soweit war, daß er einen Besuch daheim ins Auge fassen konnte, war in der alten Heimat eine Zeit angebrochen, die Reisen nicht dienlich war.

Christians älterer Bruder Hermann hatte inzwischen geheiratet und nannte eine Familie mit Sohn und Tochter sein eigen. Der landwirtschaftliche Betrieb sicherte eine bescheidene Existenz. Ebenso hatte sich Christians Schwester Mina mit einem Landwirt verehelicht und war bereits Mutter zweier Kinder.

Und Großmutter Mina freute sich am Glück ihrer Kinder. Bis zu dem Jahr 1939, in dem sich Zufriedenheit und Glück in Wahnsinn verkehrten.

Wieder wurden junge Menschen zu den Waffen gerufen, Söhne, Familienväter. Die Geburt des zweiten Kindes hatte verhindert, daß Hermann gleich zu Anfang des Krieges einrücken mußte, so rief man ihn erst 1940. Im Heer der Soldaten marschierte er im

Rußlandfeldzug. Schwer verwundet sah er seine Heimat wieder im folgenden Jahr, um kurz nach der Genesung erneut ins Feld zu ziehen, für Führer, Volk und Vaterland. In Oberschlesien kam er bei Kriegsende 1945 noch in Gefangenschaft.

...heimzukehren zu Weib und Kind...

"...mein größter Kummer, daß ich nichts von Euch weiß, wie es Euch geht, ob Ihr überhaupt noch am Leben seid..." So steht es im letzten Brief aus der Gefangenschaft, aus der er nicht wieder heimkehren sollte. - Etwas über vierzig war Hermann, als er in der Gefangenschaft starb. Genauso alt wie Vater Wilhelm damals, der kurz vor Kriegsende 1918 noch gefallen war. -

"Laß den Buben etwas lernen, wenn ich nicht wiederkomme...", hatte Vater Hermann beim Abschied gesagt. Aber ebenso wie er einst als Zwölfjähriger die Vaterstelle übernommen hatte, so tat es jetzt sein Sohn, ersetzte den Vater hinter dem Pflug und stand der Mutter bei, das Erbe zu verwalten.

Allein zurückgeblieben mit den beiden Kindern war auch Emma. Auch da hatte das Vaterland den Mann und Vater geholt. Emma selbst wurde im Alter von zweiundvierzig Jahren von einer schlimmen Krankheit dahingerafft. - Mutter Mina verließ diese Erde im selben Jahr.

So hatte ihr ein kriegerisches Schicksal in jungen Jahren den Ehemann genommen, und wiederum ein Krieg Sohn und Schwiegersohn, und die Tochter dazu.

"Was", sann sie oft, *"was wäre wohl gewesen, wenn der Christian damals nicht fortgegangen wäre? Er hätte doch auch in diesen Krieg gemußt..."*

Das Goldene Tor

- Buch III -

Für Ilse

Bönnigheim - Durchblick zur Stadtkirche   Dr. Bozenhardt

Ich hebe meine Lampe

I lift my lamp to the golden door...
Ich hebe meine Lampe zu dem goldenen Tor...

"Mutter, wo liegt Amerika?"

"Dort hinten..." Die Mutter schaute kurz auf und deutete flüchtig mit der Hand in eine unbestimmte Richtung. *"Dort hinten... - komm', schaff' tapfer, damit wir fertig werden..."* Das Mädchen bückte sich und las fleißig die hellgelb schimmernden Kartoffeln in den Korb. Manchmal hielt sie inne und gab der Sehnsucht nach dem fernen Land Raum in ihrem Innern, aber die Frage drängte sich nicht mehr auf ihre Lippen. Dort hinter dem Waldrand schickte sich die Abendsonne an, in die dunklen Wipfel einzutauchen und den Tag zu beenden. Dort hinter dem Horizont lag Amerika.

Da lag es nun vor ihr, das Land Amerika! Und die Liberty hob ihre Lampe zum Zeichen, daß das goldene Tor geöffnet war, daß sie eintreten durfte in das gelobte Land, das den Anfang für sie schon bereitet hatte. Ob es das goldene Tor für *sie* war? Nie hätte sie es zu sagen gewußt! Aber die Lampe leuchtete auf ihrem Weg, und manchmal flackerte sie unstet, und drohte das Leuchten zu verlieren, aber immer wieder fand sie den Weg durch die Wechselfälle ihres Lebens, auch wenn es nicht so schien.

Da lag es nun vor ihr, das Land Amerika! Sie hatte das Land erreicht, das Land, das hinter dem Horizont lag!

Es war ihr jetzt gar nicht mehr so wichtig erschienen, dieses Amerika. Aber da war ihr Mann, der auf sie wartete. Dem die hochgehobene Lampe bereits Einlaß gewährt hatte zum goldenen Tor.

Endlich hatte Hans, ihr Mann, die Fahrkarte geschickt! Endlich war es möglich geworden, seine Frau nachkommen zu lassen in die neue Heimat! Er hatte Arbeit gefunden und auch eine kleine Wohnung, wo das junge Paar fürs erste leben konnte.

Drei Wochen nach der Hochzeit hatte der junge Ehemann die alte Heimat verlassen, vier Jahre nach diesem schrecklichen Krieg, der 1945 mit einem Inferno im deutschen Vaterland zu Ende gegangen war. Deutschland zerrissen in Besatzungszonen, die Städte zerbombt, das Land überflutet von Flüchtlingen.

"Komm, hier gibt es Arbeit und neuen Anfang..." Tante Paula hatte so geschrieben: *"Komm nur, ich will Dir helfen..."* Sie wollte dem Sohn ihres Bruders, der nicht mehr wiedergekehrt war aus dem heldenhaften Dienst fürs Vaterland, beistehen, in der neuen Welt Fuß zu fassen und sein Glück zu machen. Wie sie es einst selbst getan hatte. ˙

Im Alter von zwanzig Jahren hatte Tante Paula ihre von Nachkriegswirren zerrissene Heimat verlassen und war ausgewandert. Bereits auf der Überfahrt hatte sie ihren späteren Mann Fritz kennengelernt. Zusammen hatten sie sich in der neuen Heimat hochgearbeitet und besaßen nun im schönen Land Pennsylvanien ein recht ansehnliches Anwesen. *"Ein Haus mit Gärtle"*, wie Tante Paula bescheiden zu sagen pflegte. In das *"Haus mit Gärtle"* hätte sein schwäbisches Konterfei gut und gern gleich zehnmal reingepasst.

Wenn auch Schicksalsschläge bei Tante Paula und Onkel Fritz nicht ausgeblieben waren, so mußten sie doch nicht wiederum einen alles zerstörenden Krieg erleiden, nicht das unermeßliche Leid erfahren, das den Familien in der alten Heimat widerfahren war.

Nun war es der Tante Paula ein herzliches Anliegen, zu helfen und das ihrige zu tun. Ihr Bruder, der Vater von Hans, hatte sein Leben gelassen im Kampf um die Verteidigung der Heimat, und seine Frau mit den drei Kindern allein zurückgelassen. Die Mutter bemühte sich tapfer, ihre Familie über Wasser zu halten in diesen schweren Nachkriegsjahren. Was hätte da Tante Paula besseres tun können, als ihrem Neffen eine neue Heimat zu bieten, einen Start in eine bessere Zukunft? Und Hans, obwohl er bereits seine Lehre beendet und eine Arbeitsstelle gefunden hatte, war dem Ruf der Tante nur zu willig gefolgt, hatte ihn doch das Fernweh seit seiner Kindheit nicht losgelassen.

1942

Das kleine Radio auf dem Bord an der Küchenwand plärrte die bekannte Fanfare, die eine Sondermeldung anzukündigen pflegte. Dann folgte die Meldung von Sieg und heldenhaftem Kampf der Soldaten, und immer wieder Überlegenheit und Sieg.

Mutter Anna gab es einen Stich. Sie saß mit ihren drei Kindern am Tisch beim Abendessen. Der Platz des Vaters war leer, und heute schien er ganz besonders leer zu sein, gähnend von drohendem Unheil. *"Das ist heute die dritte Sondermeldung!"* Siegessicher sagte es der vierzehnjährige Hans, und der elfjährige Günther trällerte zur Bekräftigung die Sondermeldungsfanfare, während die fünfzehnjährige Margret meinte: *"Jetzt kommt unser Vater bald wieder heim"*.

Da schellte es an der Haustüre. Die Mutter ging, um zu öffnen. Draußen stand der Ortsgruppenleiter, einen schwarz umrandeten Brief in der Hand. Die zum *"deutschen Gruß"* erhobene Hand sank kraftlos herab, die Worte blieben dem Ortsgruppenleiter im Halse stecken. Anna sah nur den Brief. Sie wußte, was darin stand. Der Platz des Vaters würde für immer leer bleiben.

1944

Tiefflieger und Bomber heulten über das Land. Die Jagdbomber, die Jabos, schossen auf alles, was sich da unten bewegte. Es herrschte der totale Krieg. Da sausten sie hernieder, schossen auf die fliehenden Lebewesen und zogen wieder hoch, nur um erneut herabzuzischen und Tod und Vernichtung zu verbreiten.

Der dreizehnjährige Günther war unten am Neckar. Im Zementwerk half er, so oft er in der Schule frei hatte. Es langte nicht mehr in den bergenden Schutzraum. Der Feuerstrahl von oben traf ihn am Kopf. Sterbend brachte man ihn heim zur Mutter.

Hans hatte mit seinem Meister den ganzen Tag bis spät in die Nacht geschafft. Kriegswichtig war alles, und nichts duldete Aufschub. In stockdunkler Nacht waren sie mit dem Motorrad auf dem Heimweg. Der Meister fuhr mit abgedunkeltem Licht, das nur einen knappen Schimmer aus dem schmalen Schlitz zur Fahrbahn freigab; es hätte ja die Menschen nach oben verraten können zu den Bombern. Der Boden war naß und glitschig. Ohne Schutzhelm saß Hans auf dem Rücksitz. Ein unheimlicher Schlag, der ihn hochschleuderte und wieder fallenließ, das war später alles, woran er sich erinnerte.

Der Meister hatte den Aufprall auf das unbeleuchtete Hindernis nicht überlebt. - *"Ihm ist nichts passiert!"* - so hatte man den bewußtlosen Hans heimgebracht am Morgen. Hans schien mit dem Schrecken davongekommen zu sein.

1945

Die letzten Reserven wurden eingezogen. Alte Männer und halbwüchsige Buben bildeten den Volkssturm. Auch Hans war dabei. Bereits hinter Heilbronn geriet er mit seinem Haufen in Gefangenschaft. Not, Hunger und Elend folgten. Aber er durfte im Sommer 1945 wieder heim. Der Krieg war zu Ende. Hans konnte seine Lehre beenden und fand gute Arbeit. Der Wiederaufbau forderte tüchtige Hände.

Schicksalswege

Immer wieder wurde mir ein Weg gewiesen, aber gehen mußte ich ihn selber...

Als Kind war Ilse nie eine der kräftigsten gewesen. Dauernd litt sie unter Erkältungen, und als man sie deswegen in Erholung schickte, erwischte sie prompt den Virus einer gerade grassierenden Epidemie von Scharlach oder Diphtherie. Mit der Erholung war es somit nichts gewesen, und kaum wieder daheim, begann sich ein heimtückisches Hüftleiden anzubahnen, das Ilse monatelangen Krankenhausaufenthalt und jahrelang eingeschränkte Bewegungsfreiheit bescherte.

Ilse war ein stilles, aber immer fröhliches Mädchen. Immer war sie ihrer Umwelt mitteilsam zugetan. Sie teilte ihr Spielzeug ebenso wie Eßbares, und stets kamen die anderen zuerst daran. Selbst als sie ein langes Krankenlager ans Zimmer fesselte, war sie es, die noch austeilte; ihr perlendes Lachen und die Freude über Kleinigkeiten wirkte herzerfrischend und ansteckend. Oft war das kleine Krankenzimmer voll mit Schulkameraden und Nachbarskindern, die alle von Ilses Kranksein profitierten. Als Gegenleistung durften sie bei den täglichen notwendigen Verrichtungen helfen, z.B. das Mädchen im Gips schwungvoll auf den Bauch drehen, oder umgekehrt, oder auch die juckenden Stellen unter dem Gips besänftigen, was mittels langem Pinsel oder dem Flötenwischer, der sich hervorragend zu diesem Zweck eignete, geschehen konnte. Anschließend war dann das Bett umlagert mit andächtig lauschenden Kindern. Frisch gerichtet und gestützt las die Ilse aus dem Märchenbuch vor. Der Ernst der Sache, und daß sie mit all ihren Sinnen dabei war, zeigte ein Grübchen, das sich immer dann in der Stirn bildete, wenn es ganz spannend wurde.

Es war Ilse vorbehalten, am Heiligen Abend die Weihnachtsgeschichte aus der Bibel zu lesen. Sie las sie bewußt und ernsthaft, so daß jedermann das Gefühl bekam, das Geschehen hätte heute stattgefunden. Von Zeit zu Zeit zuckte es auf ihrer Stirn, und Ilse blinzelte und legte den Zeigefinger auf die Zeile, wie um dem Jesuskind Zeit zu lassen, auf die Welt zu kommen. Dunkle Locken umrahmten ein ovales, stets etwas blasses Gesicht; zwei brave Zöpfe legten sich ihr zu beiden Seiten über die Schultern und verliehen ihr etwas Ebenmäßiges und Liebliches, als Entschädigung dafür, daß sie ein wenig hinkte und nicht umhertollen konnte wie andere Kinder ihres Alters.

Sie liebte das Turnen und den Sport sehr - besonders das Schwimmen hatte es ihr angetan - aber all diese körperlichen Betätigungen waren ihr später untersagt, dafür gabs orthopädische Stiefel und Stützen aus Metall und Leder, und ständig gymnastische Übungen.

Als Ilse die Schule verließ war es ihr größter Wunsch gewesen, Kindergärtnerin zu werden, mit Kindern zu arbeiten, wofür sie vom Geistigen her geradezu ausersehen schien, aber ihr körperlicher Zustand ließ eine derartige Belastung nicht zu, und so blieb es ihr vorbehalten, möglichst einen sitzenden Beruf zu ergreifen.

Das Pflichtjahr, damals im dritten Reich obligatorisch, auch für Ilse, absolvierte sie in einer kinderreichen Familie im Nachbarort. Es war ein hartes Jahr für sie gewesen und die körperliche Beanspruchung war schwer. Es brachte Gewißheit und das endgültige Aus für ihren Traumberuf,

Da Ilse sehr geschickte Hände hatte suchte man eine Lehrstelle im Nähberuf. Im Jahre 1943 kam Ilse zu einer Meisterin im Weißzeugnähen nach Ludwigsburg. Fortan mußte sie jeden Tag die rund 20 Kilometer lange Wegstrecke zur Arbeitsstelle - und am Abend wieder zurück - mit der Bahn oder im Sommer mit dem Fahrrad zurücklegen. Das war im vierten Kriegsjahr ein täglicher Kampf ums Überleben: Die Arbeiterzüge waren bis zum Bersten überfüllt. Oft mußte der Zug anhalten, weil er von Tieffliegern angegriffen wurde, und die Menschen mußten Schutz suchen an Böschungen oder unter dem Zug; oft langte es auch nur unter die Sitzbänke im Abteil. Unbeschreibliche Zustände waren das! Oft konnte der Zug dann nicht weiterfahren und die Menschen erreichten ihre Arbeitsstellen zu spät oder überhaupt nicht.

An eine geregelte Arbeitszeit war in diesem Jahr ganz und gar nicht zu denken. Die Mutter schaute am Abend oft verzweifelt nach ihrer Tochter aus, um jedesmal erleichtert aufzuseufzen, wenn diese wohlbehalten um die Ecke bog.

So benutzte Ilse im Sommer 1944 fast täglich das Fahrrad, um nach Ludwigsburg zu fahren. Wohl waren die Landstraßen nicht übermäßig befahren und das Radeln wäre keine große Last gewesen, wären nicht auch hier die Tiefflieger gewesen, die gnadenlos auf alles sich da unten Bewegende Jagd machten. Hätte ich nicht alles selbst erlebt und wüßte ich nicht, daß es noch viel schlimmer war, als ein Mensch es jemals beschreiben kann, ich würde es heute nicht mehr glauben! Aber es war so, und ein Ausscheren gab es nicht.

Nach einer wegen Fliegeralarm im Keller verbrachten Nacht bestieg man sein Fahrrad und radelte zur Arbeitsstelle, falls es diese noch gab, oder man rannte zum Postauto und quetschte sich hinein, um dann in Kirchheim auf den bereits vollen Zug zu warten. Und fast täglich sprang man wiederum aus dem Zug, suchte Deckung im Graben oder hinter der nächsten Böschung, duckte sich und zog den Kopf ein, um nach dem Angriff verwundert festzustellen, daß man noch lebte. Vielleicht erreichte man die Arbeitsstelle noch und konnte seine Pflicht tun fürs Vaterland. Aber oft war sie auch verschwunden, wie an jenem Morgen nach dem 4. Dezember 1944 in Heilbronn, zerbombt, verbrannt bis zur Unkenntlichkeit. Anstatt ein Arbeitsplatz Trümmer und Tote, - Bergen und Aufräumen, was übrig geblieben war. Und es blieb das Entsetzen und das Erstaunen darüber, daß es immer noch weiterging.

Rund 50 Jahre später sollte ich es zehnjährigen Kindern erzählen, wie das denn damals im Krieg gewesen sei. Redlich habe ich mich bemüht wiederzugeben, was mir seit jener Zeit unauslöschlich ins Gedächtnis eingegraben blieb. Aber es ist mir nicht gelungen, eine für Kinder der Wohlstandgeneration verständliche Sprache zu finden, die einigermaßen zu begreifen gibt, was damals vorging. Die Kinder sahen mich mit entgeisterten Augen an, als sähen sie ein Wesen aus einer anderen Welt vor sich. Und daß ich, bei so einem Geschehen, überhaupt noch am Leben war und heute als gesunde Großmutter vor ihnen saß! Das konnte es doch gar nicht geben!

Es war etwas von der Verwunderung in den Augen der Kinder, etwas von dem erstaunten Entsetzen, das mich jedesmal ergriff, wenn ich nach einem solchen Tieffliegerangriff mich wieder aufrappelte. Etwas von dem unbeschreiblichen Empfinden, das mich ergriff damals, als ich in Panik auf der topfebenen Landstraße mein Fahrrädle schnappen ließ und nach einem Unterschlupf suchte, das tödliche Zischen eines herniedersausenden Jabos über mir. Der Flieger da oben mußte mich wahrgenommen haben, er mußte das verzweifelte Wesen gesehen haben. Er hat mich nicht getroffen, und oft habe ich mir später überlegt, ob da oben wohl doch ein Mensch und nicht nur ein befehlausführendes Wesen im Flieger gesessen hatte, wie dann bald darauf, als die tödlichen Garben eine junge Frau, ihr Kind auf dem Arm, trafen. Da lag sie, tot und erschossen, das Kind dazu.

Der unsagbar tiefe Graben zwischen purer Befehlausführung und brutalem Mord: Die letzte Entscheidung dort oben traf allein dieser Mensch. Er ganz allein hatte zu entscheiden, ob er zum Mörder wurde. Wer hinderte ihn denn, daneben zu schießen? Tat er es in meinem Falle? Und war unendlich froh darüber, nicht eine teuflische Gewissenslast mit sich zu tragen bis ans Ende seiner Tage? Und tat der andere es nicht? Entschied er sich in Sekundenbruchteilen zur lebenslangen Last, ein Mörder zu sein? Der Krieg hat kein Gewissen, wohl aber der Mensch.

In jenem Sommer 1944 nahmen die Verhältnisse auf den Verkehrswegen katastrophale Ausmaße an. Nicht, daß die Landstraßen und Hauptstraßen voll gewesen wären mit Automobilen, Motorrädern und Lastern, - es waren höchstens Militärfahrzeuge, die allenfalls Vorrang hatten vor den wenigen Autos - nein, es war die Unsicherheit aus der Luft, die jede noch so kleine Reise, jedes Befahren und Begehen der Straßen zu gefährlichen Wegen machte. Der totale Krieg hatte das Heimatland in Beschlag genommen.

An jenem Sommermorgen hatte die Mutter der Ilse eine kostbare Fracht aufs Fahrrad geladen: ein Spankörble mit frischen Erdbeeren aus dem Garten, sorgfältig abgedeckt und festgebunden auf dem Gepäckträger. *"Mit einem Gruß an Deine Meisterin..."* hatte die Mutter gemeint, und der Ilse sorgenvoll hinterhergeguckt, wie diese nun forsch durchs Städtle radelte in Richtung Ludwigsburg, durch Erligheim, Löchgau und Bietigheim hinauf zur Hohenstange und Asperg. Bis dahin ging alles gut, und Ilse hatte bereits ihre Näharbeit im Kopf, als sie ihr Schicksal ereilte, oder besser gesagt, das dröhnende Summen der Flieger, das unfehlbares Anzeichen drohender

Gefahr war. Sirenengeheul aus der Ferne untermalte noch das sich verstärkende Fliegergebrumm. Die Sonne stand majestätisch und unantastbar im aufgehenden Tag.

Gewohnt war es die Ilse ja schon, daß sie runterhüpfen mußte vom Fahrrad und Deckung suchen, wo immer dazu auch nur die Möglichkeit bestand. Unmöglich, in diesem Augenblick an die kostbare Fracht auf dem Gepäckträger zu denken! Ilse schmiß das Rädle samt Erdbeeren an den Straßenrand und warf sich in den Straßengraben. Von oben sauste es herab, über Ilse hinweg und hinüber zum Bahndamm. Dort ein Rattern, stechendes Stakkato, und wieder heulendes Hochzischen. In Sekunden war alles vorbei. Stille und Sommerfrieden, als wäre nichts gewesen. Nur das langgezogene Heulen der Sirene, sich in der Stille des Sommermorgens verlierend, und das entfernte Brummen der abziehenden Flieger. Ilse sah hoch, in das Glitzern der noch taufrischen Grashalme und in einen strahlend blauen Himmel. Sie erhob sich, stand verwundert und benommen, besann sich schnell auf sich und ihre Pflichten und krepselte aus dem Graben. Das Fahrrad lag da, unverletzt; nur die Erdbeeren aus dem Körble bildeten eine frische leuchtende Spur der Verwundung; jede einzelne Beere schien die ihr angetane Schmach anzuklagen. Ilse bemühte sich redlich, zu retten und zu bergen, um wenigstens einen kleinen Rest am Bestimmungsort abzuliefern. Grad eine Bodendekket brachte sie noch zusammen, staubige, zerquetschte, blutende Erdbeeren, der stolzen Gartenfrische schmählich beraubt.

Das Körble mit der lädierten Fracht band sie wieder fest, faßte das Rädle und wollte weiterradeln. Aber jetzt streikte das Vehikel; es war die stetige unpflegliche Behandlung einfach leid. Kein Rucken und Drehen und gutes Zureden half, - per pedes, das Fahrrad an der Hand, kam Ilse an jenem Tag mit reichlicher Verspätung an ihre Arbeitsstelle. Dieser Tag setzte den Schlußpunkt unter die Lehrstelle in Ludwigsburg. Zu gefährlich waren die Wege geworden.

Und so kam es, daß Ilse fortan nach Lauffen am Neckar radelte, wo sie erneut eine Lehrstelle gefunden hatte. Vergleichsweise ein Spaziergang gegenüber vorher, und da war ja auch noch das Zabergäubähnele, zu dem man nur nach Meimsheim laufen brauchte, und das einen dann vollends mitnahm. Aber selbst das harmlose Zabergäubähnele war am Schluß nicht mehr seines Lebens sicher. Die Hornissenschwärme von oben töteten erbarmungslos.

Doch Ilse überdauerte alle Fährnisse und vollendete ihre Schneiderlehre in Lauffen mit dem Prädikat *"Sehr gut"*. Die harte Lehrzeit wurde ihr zur Grundlage für ihr späteres Leben und gab ihr Sicherheit für ein Auskommen auch in harten Zeiten. So war jener Tag, der ihre Ludwigsburger Zeit beendete, eigentlich ein Wendepunkt zum Besseren geworden. Dinge, vermeintliches Unglück, sind es oft, wo wir erst viel später erkennen, daß sie unser Glück waren.

Es war die Zeit kurz nach dem Krieg, wo zaghaft neues Leben aus den Ruinen wuchs, der Schwarzhandel blühte, und Kargheit und der Kampf ums tägliche Brot alles andere zweitrangig werden ließ; es war die Zeit der Besatzungszonen und der Sperrstunden, des Ausgehverbotes bei Einbruch der Dunkelheit, der Verordnungen und Beschränkungen, die Zeit der Flüchtlinge und der Trauer um die nicht Wiederkehrenden. Es war aber auch die Zeit des Aufatmens, daß es endlich nicht mehr schoß, daß man endlich nicht mehr um sein Leben rennen mußte, und daß wieder Licht aus den Fenstern dringen durfte; daß nicht täglich die Sirene die Menschen wie Maulwürfe unter Tage rief, daß der Bauer wieder sein Feld bestellen konnte, ohne aufgeschreckt durch Jabos Deckung suchen zu müssen. Es war die Zeit, wo das *"Grüß Gott"* den scheinbar festgewachsenen *"deutschen Gruß"* entwurzelte, die Zeit der Rechenschaft und des Aufruhrs, der Entnazifizierung und des Erkennens und der Bitterkeit, unbewußt Mitschuld zu tragen.

Es war aber auch die Zeit, wo endlich wieder Fröhlichkeit und Jugend siegte, wo alte Verbindungen wieder neu erstanden und sich formierten zu Gesang und Spiel und Sport; wo es wieder möglich war, Ausflüge und Wanderungen in die Natur zu unternehmen, etwas, was man so lange hatte entbehren müssen. - Es war Frieden.

Bei den Naturfreunden, den *"Grasdappern"*, lernte Ilse ihren späteren Mann Hans kennen. Mit den *"Grasdappern"* entdeckten sie ihre Heimat, ihr Schwabenländle, und es war trotz allen Entbehrungen eine überschwengliche Zeit, drei Jahre unbeschwertes Glück. Drei lange und ach so kurze Jahre, in späteren Jahren Hort der Erinnerung und der Träume. Beim Michaelsberg oben saßen sie unter der alten Linde, blickten hinaus in ihre Heimat, und schworen sich ewige Liebe und Treue. Sie wären sich überallhin gefolgt, überall hin auf der Welt.

Von hier oben konnte man nicht sehen, wie krank das Heimatland nach dem schweren Kampf darniederlag. Die Sonne schien und sandte ihre warmen Strahlen durch Blätter und Äste und legte ein lebendiges Muster in den Himmel darüber. *"Siehst Du"*, sagte Hans und nahm seine Ilse ganz fest in den Arm, *"siehst Du, dort hinten liegt Amerika..."* Ilse erinnerte sich, daß sie einst vor langer Zeit die Mutter befragt hatte, wo denn Amerika liege. Jetzt endlich wußte sie es, dort hinten, dort hinter diesem Stück Himmel, dort lag Amerika.

Hans war groß und schlank, ein Bild strahlender Jugend. Mit seinen klaren, blauen Augen und dem dichten, welligen Haar wirkte er forsch und immer fröhlich. Er konnte seine doch recht klein geratene Ilse herzlich necken, indem er sie einfach unter den Arm klemmte und von oben herab fragte: *"Na, wie geht's so da unten?"* Ilse konterte keck nach oben: *"Kleine Leute sind auch ebber..."*

Als Hans zum erstenmal davon sprach, nach Amerika zu gehen, nahm Ilse ihn gar nicht ernst. Sie war zu heimatverbunden und hätte in ihren kühnsten Träumen nicht an eine Auswanderung gedacht, als daß sie diese Worte als bare Münze genommen hätte.

Viele Mädchen ihrer Generation gingen hinüber über den großen Teich. Besatzungssoldaten nahmen ihre Bräute mit, andere suchten auf eigene Faust das große Glück. Die ganze Welt hatte sich verändert. Amerika war plötzlich nicht mehr das ferne Land, Grenzen schienen einzubrechen und zwangen geradezu zum Überschreiten. Die Heimat, Deutschland, lag zerstört am Boden. Das Erlebte in den langen Kriegsjahren bewog die Jugend in ihrem neu erstandenen Lebensmut, dem geschundenen Vaterland den Rücken zu kehren. Und immer noch war Amerika das Land der unbegrenzten Möglichkeiten. Da war vielleicht noch eine Brücke nach drüben: Ein Verwandter zum Beispiel, der für einen bürgte? Es lag nur zu nahe, diese Brücke zu begehen.

Tante Paula, die Schwester von Hans Vater, ausgewandert in den zwanziger Jahren, hatte ihre Heimat viele Jahre nicht gesehen. Den ganzen schlimmen Krieg über hatte sie in Sorge um ihre Angehörigen gelebt, hatte mit ansehen müssen, wie Kinder einstiger Einwanderer in den Kampf gegen die alte Heimat geschickt wurden. Sie konnte nur ahnen, wie hart dieses Nachkriegsleben für die Kriegerwitwe ihres Bruders und der Familie war, und es war ihr heilige Pflicht, hier nach Möglichkeit zu helfen. *"Hans komm, hier gibt es Arbeit und Brot..."*

Es bekam Leben und Farbe, dieses Land Amerika. Es lebte in Briefen, über die man reden und diskutieren konnte, es lebte in blumigen Erzählungen und Schilderungen, es bekam einen schillernden Glanz. Und Tante Paula wurde nicht müde, dieses Bild zu bekräftigen. *"Willst Du mit mir kommen?"* fragte Hans in feierlichem Ernst. Sein Entschluß war gefaßt, Amerika wartete.

"Ja", sagte Ilse, und sie meinte es in diesem Augenblick tief in ihrem Innern ganz ehrlich, *"ja, ich will mit Dir gehen!"* Die nächtliche Wolke schob sich sacht in ihre ewige Bahn und gab einen runden, vollen Mond frei. *"Ja"*, sagte sie noch einmal und wunderte sich, daß das Zittern in ihrem Herzen nicht laut hörbar war. So wie die Wolke sich weggeschoben hatte von unsichtbarer Hand, so würden sie gemeinsam die Hindernisse wegschieben mit sichtbarem Bemühen, mit ihrer Jugend, mit ihrem guten Willen und ihrer Hände Arbeit.

Ein Brief ging nach drüben. Tante Paula möge sich um die erforderlichen Papiere bemühen. Der Weg war frei. Die Zukunft hieß Amerika. Und wirklich ging alles glatt. Da die Zusage von drüben für eine Arbeitsstelle in den großen Stahlwerken von Bethlehem da war und ein Bürge in der Neuen Welt vorhanden war, also Unterkunft und Arbeit gesichert waren, waren die Formalitäten bald erledigt. Hans durfte auswandern.

Drei Wochen nach der Hochzeit mit Ilse verließ der junge Ehemann seine Heimat. *"Ich hole Dich nach, bald..."*

Eine Kette ist so stark wie ihr schwächstes Glied...

Mit Hilfe der Tante hatte Hans einen vergleichsweise leichten Start in Amerika. Auch die Sprachbarrieren schienen bald überwunden. Eine kleine Wohnung war gefunden, Hans würde seine Frau bald wieder bei sich haben.

Es waren die Nachkriegsbehörden in Deutschland, die ihr Veto kundtaten. Alle, die irgendwie auch nur im geringsten mit dem Hitlerreich zu tun gehabt hatten, wurden unter die Lupe genommen und mußten entnazifiziert werden. Vor einer Spruchkammer mußten sie bekennen, auf welche Weise sie dem *"Führer"* Gefolgschaft geleistet hatten. Ein heimtückischer Virus könnte noch anhaften und ins ferne Land getragen und weiterverbreitet werden.

Ilse wurde als Mitläufer eingestuft. Sie war, wie alle ihres Jahrgangs, verpflichtet gewesen, in der Hitlerjugend mitzumarschieren. Eigentlich hatte sie dieser Pflicht immer gerne genügt, der *"Bund deutscher Mädel"* war für sie eher eine Verbindung der Fröhlichkeit gewesen, ein Hort von Sport und Spiel, wo man in der Gemeinschaft lernte und arbeitete. Daß in dieser Verbindung eine unbedingte Ordnung herrschte, daß man gehorchen und Befehle befolgen mußte, daß es kein Ausscheren gab, war nichts Besonderes. Auch Zuhause herrschte unbedingter Gehorsam, ebenso wie in der Schule. Das war von klein auf festgewachsen.

Marschierte man in der schmucken Uniform in Dreierreihen ausgerichtet durch die Straßen, ein Lied auf den Lippen, so war dies doch ein eher erhebendes Gefühl. Ging es zu Geländespielen oder anderen Veranstaltungen, so kam man vielleicht müde und geschafft zurück, aber immer in derselben wohlgeordneten Formation wie beim Ausmarsch. Da gab es keine Ausschweifungen mit heimlichem Rauchen oder dergleichen, von Drogen oder gar Rauschgift wußte man überhaupt nichts. Blüten trieb höchstens das Thema Aufklärung, das immer wieder neuen Anreiz bot und unerschöpflich war.

Die Heimabende boten mit Spiel und Sport willkommene Abwechslung im arbeitsamen Alltag der Jugend, dem man nur zu gern für einige Stunden entrann, um mit Gleichaltrigen zusammenzusein.

Da Ilse körperlich durch ihr Hüftleiden daran gehindert war, Sport in größerem Umfang zu betreiben, waren für sie die Bastelabende wahre Fundgruben ihrer Geschicklichkeit. Sie verbrachte in diesem Dienst die glücklichsten Stunden ihres jungen Lebens. Niemals wäre ihr auch nur der Gedanke gekommen, daß diese Heimabende anderen als nur gemeinnützigen Zwecken dienen sollten. Ihre Vorgesetzten und Führerinnen waren ja kaum ein paar Jahre älter als sie selbst und freuten sich ebenso an Sport und Spiel.

Das alles sollte nun in Frage gestellt und umgekehrt werden in Aufhetzung und Vorschulung zum Kriegsdienst! Plötzlich kamen da Dinge zum Vorschein, die haarsträubend waren, unglaubliche Dinge, von denen die Menschen keine Ahnung hatten! Jetzt wurde durchleuchtet und geforscht, abgekratzt und weggeätzt und entnazifiziert, was da vom Dritten Reich anhaftete wie eine lästige Hautkrankheit, auf daß sich ja kein Bazillus mehr ausbreiten und fortpflanzen könnte.

Einmal allerdings war es Ilse vorbehalten gewesen, einen entsetzlichen Einblick in die Abgründe zu tun, die sich im Nationalsozialismus auftaten. In ihrem ganzen Leben vergaß sie jenen Sonntagmorgen nicht, an dem sie nach dem Kirchgang unfreiwillig Zeuge eines Gesprächs wurde. Über die Euthanasie wurde da geredet, und wie Behinderte fortgebracht worden seien. Man habe von denen nichts mehr gehört. Der Rest rauschte in Ilse's Ohren, sie verstand nur etwas von Behinderung und Wegbringen. Sie selbst war ja auch behindert, ihr Hinkebein steckte in einem engen Stützapparat, der sie fürchterlich drückte und einschränkte. Zählte sie nun auch zu diesen Behinderten? Würde nun auch sie weggebracht? Lange Zeit litt sie unter dieser Vorstellung, bis sie sich schließlich der Mutter anvertraute und alles endlich im Sande verlief.

An jenen Vorfall mußte Ilse denken, als sie den Brief mit dem amtlichen Stempel der Spruchkammer in Händen hielt. Im ersten Impuls hatte sie laut aufgelacht und dieses Schreiben mit dem Vorwurf der Mitschuld einfach ignoriert. Das war ja bestimmt ein Irrtum! Vor ihr lagen Paß und Ausreisepapiere, ihr Mann wartete drüben und bürgte für sie. Aber es war kein Irrtum. Neue Bestimmungen, ein neuer Erlaß, neue Nachforschungen nach Mitschuld -

alles Gründe, warum die Ausreise verschoben werden mußte. Durch seine schnelle Ausreise war Hans diesen Bestimmungen glücklicherweise entgangen. Nur - er würde jetzt noch eine lange Zeit auf seine Frau warten müssen.

Ilse hatte bereits ihre Arbeitsstelle aufgegeben und war dabei, ihre Koffer zu packen. Ihre gesamte Aussteuer, Porzellan und Wäsche - soweit man im Jahre 1949 von Aussteuer sprechen konnte - war bereits per Schiffsfracht unterwegs in ihre neue Heimat. Ilse war dabei, ihre Zelte in der alten Heimat abzubrechen.

So ganz zu ihrem Leidwesen kam dieser Brief allerdings nicht. Das Alleinsein in den langen Wochen und Monaten hatten sie mürbe gemacht, hatten Zweifel in ihr aufkeimen lassen, ob dies Amerika für sie der richtige Ort war. Auch hier hätte sie bald Boden unter den Füßen gehabt, tüchtige Leute wurden zum Wiederaufbau immer gebraucht. Andere ihrer Generation waren dabei, sich Haus und Besitz zu erwerben. Fleiß und Tüchtigkeit hatten das Wunder vollbracht, dieses am Boden zerstörte Heimatland wieder zum Leben zu erwecken.

Zwanzig waren Hans und Ilse gewesen, als alle Leute gleich reich gewesen waren damals bei der Währungsreform 1948, wo jedermann ein Kopfgeld von vierzig DM erhielt.

Hatte man vorher eine Menge Reichsmark sein eigen genannt, so konnte man dafür doch nur das Nötigste kaufen, und das nur auf Marken und Bezugschein. Doch nach der Währungsreform tauchten plötzlich Waren auf, Schaufenster füllten sich, und für die harte DM gabs alles zu kaufen. Keine Schlangen bildeten sich mehr vor den Läden, es mußte wieder um den Kunden geworben werden. Das Leben gewann wieder an Qualität, und wer fleißig war, durfte sich eines wachsenden Wohlstandes erfreuen.

Damals, als Tante Paula an Hans geschrieben hatte zu kommen, war es soweit noch nicht, und die Vorstellung von diesem zerstörten Deutschland übermächtig. Niemand im friedlichen Amerika konnte sich auch nur im entferntesten vorstellen, was dieses Heimatland gelitten hatte. Tante Paula hatte als junges Mädchen den ersten Weltkrieg erlebt. Die Schrecken dieses Krieges, der Hungersnot in den Jahren danach, war ihr noch in lebhafter Erinnerung. Damals, nach diesem Krieg, war sie ausgewandert und hatte *"ihr Glück"* in Amerika gesucht und gefunden. Das schrieb sie jetzt in schillernden Farben, streute den Samen aus, der in den jungen Herzen auf fruchtbaren Boden fiel. Hans ließ sich nicht mehr abbringen von seinen Plänen, auszuwandern, und Ilse fügte sich. Sie liebte ihn von ganzem Herzen, und diese Liebe würde sie tragen bis ans Ende der Welt.

Fortan schmiedeten sie gemeinsam Pläne, legten jede Einzelheit ihres Auswanderns fest. Sie waren doch jung, was sollte sich da in den Weg stellen!

Von Ilse's Vater, der nie Gelegenheit gehabt hatte, die weite Welt zu besehen - außer dem unfreiwilligen Marschieren im ersten Weltkrieg - und den das Fernweh und das Gebundensein in seiner Jugend schier umgebracht hatte, erhielten die beiden die beste Unterstützung. Wohl sah der Vater, daß seine Tochter nicht die stärkste und daß sie mit körperlichen Kräften nicht gesegnet war, aber die Zeit der ersten Siedlerfrauen war längst vorbei und der Fortschritt bedeutsam.

Der Vater kam ins Träumen, wenn er mit den jungen Leuten über ihre Pläne redete; er wäre am liebsten mitgezogen ins ferne Amerika.

Ilse und Hans heirateten an einem heißen Septembertag, der alle Wärme des Sommers noch einmal ausbreitete und in sich vereinte. Ein wundersamer Tag, den kein Wölkchen trübte, es sei denn, daß Hans seinen Fahrschein für Amerika bereits in der Tasche hatte, und dieses Bewußtsein des baldigen Wiedergetrenntwerdens stummer Hochzeitsgast war.

Der guten Wünsche an jenem Tag waren viele. Man wähnte den Hans im Glück, daß er in der neuen Welt nicht erst nach einer Bleibe zu suchen hatte und auch eine Arbeitsstelle bereits auf ihn wartete. *"Ihr werdet das Glück schon machen!"* Und das junge Paar strahlte nur so von Glück und Zuversicht. *"Eines Tages kommt ihr zurück - als Millionäre..."*

So und ähnlich lauteten Wünsche und Ratschläge, und alles war eitel Wonne. Nichts ließ ahnen, daß das Unheil bereits Pate stand an jenem Tag, daß das Erbe aus dem nichtswürdigen Krieg bereits lauerte, sein zerstörerisches Werk zu vollenden. Daß der Schaden, den Hans bei jenem nächtlichen Unfall erlitten hatte, ungeahnte schwerwiegende Folgen zeitigen würde. - Ein strahlendes junges Paar, das den Anforderungen der Zukunft lachend ins Auge sah.

"Ja, ich will, und Gott helfe mir..." Ehrlichen Herzens hatte es Ilse versprochen. Im christlichen Glauben war sie erzogen worden. Nie verließ eines der Kinder am Morgen das Haus ohne Gebet, und Tischgebet sowie Dank für die Gaben waren unerläßlich. Am Abend las die Mutter aus der Bibel, oder ein Lied aus dem Gesangbuch. Oft übernahm dies Ilse, und sie war eifrig dabei, auch beim Liedersingen. Einmal drangen aus Ilse's Krankenstübchen die hellsten Töne, Ilse konnte alle Verse auswendig und sang inbrünstig und zur Freude ihrer Umgebung.

Es war viele Jahre später, als Ilse wiederum im Krankenhaus lag. Am Sonntagmorgen gab es dort einen Gottesdienst und man sang die alten Kirchenlieder. Die konnte Ilse noch alle aus der Erinnerung auswendig mitsingen, und sie erinnerte sich mit Freude an die Mutter, die ihr das vermittelt hatte. Unerschütterlich war der Mutter Glaube gewesen, und immer war eine große Ruhe von ihr ausgegangen.

"Es geht immer wieder ein Türle auf!" pflegte die Mutter zu trösten, wenn das Dunkel undurchdringlich schien, *"es wird dir nicht mehr aufgeladen, als du tragen kannst..."* Wie oft dachte Ilse später an diese Worte. Sie standen um sie wie schützende Engel und ließen sie durchhalten. Aber nie hätte die Mutter ihre Tochter zu halten versucht, zu bewegen, nicht ins ferne Land zu ziehen, im Gegenteil, es war die Mutter selbst, die der Tochter sagte: *"Dein Mann wartet drüben, es ist deine Pflicht, zu folgen".*

Da Ilse stets ein wenig kränkelte, wurde sie nicht so sehr im Haushalt mit herangezogen. Als sie dann mit ihren geschickten Händen viel Wertvolleres zum Wohle der Allgemeinheit beitrug, war sie flugs jeglicher Hausarbeit entbunden. Ja, man räumte ihr derlei Alltäglichkeiten schleunigst aus dem Wege, um ja einem so ausgeklügelten Kunstwerk, wie es der Ilse Schneiderwerke waren, nicht im Wege zu stehen. In den Kriegs- und Nachkriegsjahren erstanden die schönsten Dinge aus Resten und Flicken; *"aus Alt mach Neu"*, hieß die Devise, und kein Kleiderschrank beherbergte Verstaubtes und

Abgetragenes, alles wurde umgekrempelt, gewendet und verwendet, dem Erfindungsgeist waren keine Grenzen gesetzt.

Ilse verstand dies meisterhaft. Sie wußte um den goldenen Schnitt und brauchte bloß maßzunehmen, um dann gleich zuzuschneiden. Sie nahm das Maßband, legte es um bestimmte Stellen, notierte sich einige Zahlen, breitete den Stoff aus und schnitt zu, und man konnte sicher sein, daß das Kleidungsstück hinterher paßte.

In diesen Zeiten geschah es dann auch, daß Ilse, weil die Mutter meinte, das Mädle müsse doch auch das Kochen lernen, die Suppe anbrennen ließ, die Kartoffeln ohne Wasser kochte, oder den Rettichsalat irrtümlich mit flüssiger Seife anmachte. Aber das waren alles Dinge, mit denen man leben konnte, beziehungsweise die rasch der Ilse wieder zur geliebteren Arbeit verhalfen.

Bis in ihre Jugendjahre hinein standen Krankenhausaufenthalte und orthopädische Schuhe und Beinstützen für Ilse im Vordergrund Sie durfte nicht turnen und schwimmen, was sie doch für ihr Leben gern getan hätte. Sie nähte für andere die tollsten Tanzkleider, mußte sich selbst aber das Tanzen versagen. Doch trotz all dieser Einschränkungen blieb Ilse ein mutiges, stets hilfsbereites Mädchen, das das Lachen nicht verlernt hatte.

Das Ziel immer vor Augen, und jeden Tag auf den Bescheid hoffend, daß die Ausreise endlich stattfinden könne, verbrachte Ilse in ihrer Schneiderstube turbulente Tage. Jeder wollte noch schnell ein Kleid, ein Kostüm oder gar eine Abendrobe geschneidert haben. Oft verzierte die Meisterin ihre Kunstwerke mit geschmackvollen Applikationen, damals ganz große Mode, nach der Zeit der Uniformen und Zweckgewänder.

Daneben sollte Ilse doch aber auch sich in der englischen Sprache üben, die sie drüben dringend brauchen würde. Ihr Mann schrieb es ihr mit herzlicher Bitte: *"Du mußt lernen..."*, und Ilse büffelte nach Kräften. Trotzdem konnte von einer fließenden Redeweise dann, als es soweit war, keine Rede sein.

Die gesamte Aussteuer wurde eingepackt und auf die Reise geschickt. Alles aus *"dear old Germany"*, was später den Start erleichtern und das Heimweh dämpfen sollte, Töpfe und Teller, Bücher und

Bilder. Anderthalb Jahre sollten vergehen, bis Ilse ihren Hausstand drüben in Amerika gründen konnte.

Es war für Ilse nicht leicht, in dieser Zeit zu bestehen. Eine junge Frau, verheiratet, und doch allein. Der Mann drüben bitter enttäuscht, daß widrige Umstände und Kriegsfolgen ein Zusammenkommen hinderten.

Leicht wäre es gewesen, gleich gemeinsam auszuwandern, gleich von Anfang an dabeizusein. So aber war sie Zweifeln und Anfechtungen ausgesetzt, und das vorweggenommene Heimweh nagte in ihrem Innern. Im Heimatort begannen die Gleichaltrigen ihr Leben aufzubauen, warum konnte sie denn das nicht auch? Mußte sie denn fort? Sie, deren geheimstes Ziel aller Wünsche ein Häuschen im Schwabenland mit Mann und ein paar Kindern gewesen war, keine großen Eroberungen oder gar Landbesitz irgendwo in der weiten Welt, nein - ein kleines Glück ganz im Stillen und in der Heimat, es wäre genug gewesen.

Wenn dann am Tage die Arbeit überhand nahm, und Ilse alle Hände voll zu tun hatte mit ihrer Schneiderei, dann war alles wieder anders. Dann berichtete Ilse strahlend auf die allgegenwärtige Frage, wie es denn dem Mann drüben ergehe, daß es ihm gut gehe, und er gut verdiene und ungeduldig darauf warte, daß sie komme und sie die gemeinsame Wohnung beziehen könnten. Es war alles bereit, nur die Genehmigung fehlte.

Die Entnazifizierung ging jedoch dann problemlos vor sich, wenn man davon absah, daß sich der Amtsschimmel, wohl wegen der Masse der Fälle, über ein Jahr Zeit ließ, den pflichtschuldigen Nationalsozialismus abzuwischen.

Es wurde ernst. *"Du mußt gehen, Dein Mann wartet!"* So schwer es der Mutter auch fiel, ihre Tochter in unerreichbare Fernen ziehen zu lassen, sie blieb fest: *"Du mußt, Du hast es versprochen!"*

Wohl hatte die Mutter keinen Sohn im Krieg verloren, wie so viele Mütter ihrer Generation, deren Söhne nicht mehr aus dem Feld zurückkehrten oder verwundet wiederkamen, lebenslang gezeichnet von einem unfaßbaren Geschehen. Aber auch sie hatte ihre Kinder ziehen lassen müssen zu Kriegshilfsdiensten und Heimatfronteinsatz, und sie waren noch nicht einmal erwachsen gewesen. Annehmen und glauben, und immer wieder hinaufstellen in die Hände eines Höheren.

"Nun aber bleibet Glaube, Hoffnung, Liebe, diese drei; aber die Liebe ist die größte unter ihnen!" Eingerahmt hängen die Worte an der Wand in Ilse's Schlafzimmer. Und Pfarrer Hönsch schrieb zum Abschied am 3. Mai 1951 dazu: *"Wie Gott mich führt, so will ich geh'n, ohn alles Eigenwählen; geschieht, was er mir auserseh'n, wird mir's an keinem fehlen. Wie er mich führt, so geh' ich mit und folge willig Schritt für Schritt in kindlichem Vertrauen."*

"Komm, laß uns beten..."

Es war ein wunderschöner Maientag, als Ilse Abschied nahm von der schwäbischen Heimat. Ein letztes Mal hatte sie vom Michaelsberg heruntergeschaut auf die geliebten heimatlichen Weiten, hatte die Augen geschlossen und das vertraute Bild tief in ihr Inneres aufgenommen. Dort würde es als Kostbarkeit ruhen und ihr beistehen.

Die Familie begleitete sie nach Stuttgart, von wo aus der Zug sie mit weiteren Auswanderern nach Bremerhaven bringen würde. Ilse selbst, Mutter und Schwester, trugen von Ilse geschneiderte Kostüme, dazu der Mode entsprechend breitrandige Hüte. Ilse war blaß, aber gefaßt; die Vorfreude auf das baldige Wiedersehen mit ihrem Mann ließ die Abschiedstränen versiegen.

Der Bahnsteig war voll mit Auswanderern. Umarmungen, gute Wünsche. *"Behüt' Dich Gott..." "Schreib' bald..."*

Ilse kurbelte im Abteil das Fenster herunter, neigte sich weit hinaus, um allen noch einmal die Hand zu reichen. Dann pfiff der Beamte zur Abfahrt, der Zug ruckte an, fand sich in gleichmäßigem Vorwärts. Kleiner und kleiner wurden die Gestalten auf dem Bahnsteig, verschwanden endlich ganz den Blicken.

Ilse schloß das Fenster, setzte sich verwirrt auf ihren Platz, strich sich die Haare aus dem Gesicht und seufzte tief auf. Etwas wie ein schwerer Stein war plötzlich von ihr gewichen, es war ihr, als könne sie wieder freier atmen. Zu neuen Ufern rollte dieser Zug. Alles lag dahinten, nur noch das Vorne zählte. Aufatmend kehrte ihr Blick zurück. Sie sah in die Gesichter ihrer Mitreisenden und las in deren

Gesichtern das gleiche erstaunte Erkennen. *"Freiheit, die ich mei-*
ne..."

In der Gesellschaft der jungen Leute kam bald gute Laune auf, die
Abschiedstränen versiegten. Jedes erzählte sein persönliches Schicksal, und warum man die Heimat verließ. Fast jede Geschichte war
von Krieg und Kriegslast gezeichnet. Man verließ die Heimat teils
schwer, teils mit leichtem Herzen. Viele waren vertrieben und ihrer
eigentlichen Heimat beraubt worden. Warum sollte man etwas nach-
hängen, das ohnehin nicht mehr existierte! Zu viel des Schweren
hatte sich in den letzten Jahren dort zugetragen, noch frisch waren
die Wunden und Narben. Was sie in der neuen Welt erwartete,
wußten sie nicht. Aber es war bestimmt nicht vergleichbar mit dem
unbeschreiblichen Leid, das ihr Heimatland durchwandert hatte. Die
spärlichen Briefe von denen, die sie drüben erwarteten, sagten nichts
von den Mühen und Kämpfen, sprachen nur vom Hoffen auf ein
baldiges Wiedersehen, das alles gut machen würde. Keine der jungen
Frauen hatte Amerika vorher gesehen, alle reisten in ein unbekanntes
Land. In ein gelobtes Land, wo jemand auf sie wartete.

In Bremen verbrachten sie die Nacht in einer riesigen Lagerhalle
auf Matratzenlagern. *"Zum Aufbruch bereit!"* schien über den Köpfen der Menschen zu stehen.

Ilse konnte nicht schlafen. In ihrem Kopf drehte sich die ganze
Welt, und als sie gegen Morgen etwas eindämmerte, schwebte der
Mutter Gesicht unter einem riesigen Hut, der wie ein Zylinder aussah, oben an der Decke und trug es auf einer Wolke hinaus und
immer höher hinauf in den Himmel. *"Halt, halt!"* schrie Ilse im
Schlaf und fuhr erschreckt auf, verwirrt ihre fremde Umgebung
wahrnehmend. Ein dumpfer Kloß begann sich in ihre Magengrube zu
senken. Das Hochgefühl der Freiheit zog sich zurück und wich
einem aufkeimenden Heimweh.

"Denk' immer dran, vorwärts zu denken und nicht zurück!" Der
Vater hatte es zum Abschied gesagt. Krampfhaft bemühte sich Ilse,
sich diese Worte einzuprägen.

Es ist keine Kunst, wenn man von der Kunst des Aufzeichnens
absieht, einen Lebenslauf im Rückblick nachzuvollziehen; wenn man
weiß, wie alles ausgegangen ist, wenn man weiß, daß es schließlich

doch wieder gut wurde, irgendwie und wie nach einem alles umfassenden System. Aber das Selbst, sich selbst zu leben jeden Tag, und in dem Moment der Entscheidung, diesen Augenblick des Lebens, auf den es immer ankommt, zu bestehen, in Ehrlichkeit sich selbst gegenüber, die Herausforderung des Augenblicks, in dem man nichts weiß von dem Kommenden, und in dem die Zukunft im Dunkeln liegt, darin liegt die Kunst und Erfüllung.

Dann waren sie wieder alle bereit, standen in der langen Schlange der Wartenden, die alle auf die vor Anker liegenden *"Bremen"* wollten. Lustig flatterten bunte Wimpel im Wind; aus dem Lautsprecher kam es leicht und flott: *"Muß i denn, muß i denn zum Städtele hinaus..."* Aber der Schatz blieb ja nicht hier, er wartete bereits, und das Wiedersehen war nicht fern.

Die *"Bremen"* hatte schon ein Unmenge Ausreisewillige in ihrem prallen Bauch transportiert und von hüben nach drüben gebracht. *"Seht her"*, schienen die flatternden Banner zu sagen, *"seht her, wir flattern Euch voran, wohin der Wind uns trägt. Es ist ein Spiel, dieses Leben, ein kurzes, aufregendes Spiel..."*

Ganz langsam verschwand die Küste ihren Blicken. Es wehte ein kräftiger Wind, eine steife Brise, als die *"Bremen"* die Anker lichtete. Für die seeungewohnten Schwaben war es eher ein Sturm, der die Hüte vom Kopfe wehte und die Gedanken darunter zerzauste. *"Das und ein Sturm"*, meinte ein wettergegerbter Matrose, *"wartet nur, bis Ihr auf hoher See seid, dann könnt Ihr erleben, was ein Sturm ist..."* Aber er behielt diesmal nicht recht, die Überfahrt verlief ruhig. Kein Gewitter kam auf, kein Sturm durchpeitschte die Wellen. Ruhig und glatt blieb die See, Tag für Tag, ungeachtet der stürmischen Gefühle der Auswanderer, deren Mägen dennoch streikten.

War es das ungewohnte Essen, war es die Aufregung - Ilse wurde fürchterlich seekrank! Ihre ohnehin schmächtige Gestalt und ihr blasses Gesicht gab zur Besorgnis Anlaß, so daß sie die meiste Zeit in der Koje verbringen mußte, die sie mit vier weiteren Gefährtinnen teilte. Alle wurden sie drüben von ihren Männern oder Verlobten erwartet. *"Drüben"*, das beherrschte diese Wochen auf dem Schiff. Was würde sie *"drüben"* erwarten in dem weiten Land, das so viele vor ihnen schon hoffnungsvoll betreten hatten?

Anfang

Nach rund zwei Wochen hatte die *"Bremen"* ihr Ziel erreicht, ihre kostbare Fracht sicher nach drüben gebracht.

Die Reling war umsäumt von erwartungsvollen Menschen. Sie hoben die Hand an die Stirn, um suchend in den Dunst zu blicken, einen winzigen Punkt dort zu erhaschen, der das Ziel aller Träume war.

Die *"Liberty"* hob sich vage im Hintergrund ab; sie schien klein und unbedeutend, ein Monument aus Stein vor den riesigen Bauklötzen der Wolkenkratzer: Das Empire-State-Building, die Zwillingstürme des World-Trade-Center, und viele andere. Daß man so hohe Häuser bauen konnte! Eine ganz andere Welt tat sich da auf, ungewohnt und überwältigend. Die Augen suchten den Horizont ab, aber der Einzelne war viel zu klein, um ihn erkennen zu können, wenn er unter denen war, die dort warteten.

Kaum eine von Ilse's Gefährtinnen mußte sich der Quarantäne auf Ellis Island unterziehen, auch Ilse nicht. Jemand war bereits in diesem Land, der für sie bürgte und Sorge trug, daß sie diesem Land nicht von vornherein zur Last fielen. Die Weite des Landes würde alsbald die geballte Ladung der Einwanderer verschlucken und ihre Spur verwischen; neue Menschenfracht würde kommen und sich ebenfalls ausbreiten und ihr Scherflein beitragen zum *"Meltet Pot of People"*. Bereits auf See wurden alle Formalitäten erledigt.

Endlich wurde die Gangway ausgefahren und freigegeben. Die Einwanderer betraten die neue Welt!

Ob es Hochgefühl, ob es Mut und Entschlossenheit war, oder einfach Pflicht und Ziel - Ilse hätte es nicht zu sagen vermocht. Sie war da, hier war Endstation! Ihr Herz klopfte wie wild. Alles war nun in der Vergangenheit beschlossen, die lange Wartezeit, die Zweifel. Dort an Land stand ihr Mann, dem sie ewige Treue versprochen hatte, und den sie von Herzen liebte. Sie stellte sich auf die Zehenspitzen, um vielleicht das geliebte Gesicht ausmachen zu können. Aber da waren nur Hüte und Köpfe, dicht aneinandergereiht.

Menschen fielen einander um den Hals, Jubelrufe und freudiges Erkennen füllte die Luft.

Und plötzlich erkannte sie ihn! *"Hallo, hier bin ich!"*, rief er, fuchtelte wild mit den Armen und rannte ihr entgegen. *"Endlich bist Du da!"* Er nahm sie ganz fest in die Arme. Alles war gut.

Wie geistesabwesend nahm Ilse die ungewohnten Dimensionen der Häuser und Straßen wahr. Sie hätte später nicht sagen können, wie sie in den wartenden Jeep gekommen waren und vom Hafen her die Stadt durchquert hatten.

Sie ließen New York hinter sich, das Land öffnete sich ihnen. *Lieber Gott,* dachte Ilse, *das ist ja ein Land wie daheim! Da hat es Berge und Täler, und Wiesen und Wälder!*

Dann tauchten auf kleinen Wegweisern Namen auf, *"Nazareth"*, *"Ephesus"*, und dann *"Bethlehem"*, das sie ja von den Briefen her kannte. Aber die anderen Namen? War sie denn in Israel, im Land der Bibel, gelandet? Dann hoppelte der Jeep über eine Holzbrücke und bog in die Straße nach Bethlehem ein. *"Bethlehem, die Weihnachtsstadt!"* Auf einem großen Transparent stand es, mitten im Mai! Verwirrende Eindrücke machten Ilse stumm. Erst später drang die einfache Lösung in ihr Gedächtnis: Die ersten Einwanderer hatten die Namen ihrer Heimatorte mitgebracht! Und mitten im Sommer fand in Bethlehem der Weihnachtsmarkt statt für alle Handelsleute, die dann ein halbes Jahr Zeit hatten, Weihnachten ins riesige Landesinnere zu bringen. Später wurden es gewohnte Dinge und Alltag, und Ilse konnte herzlich lachen über erstaunte Fragen.

Das Auto hielt vor einem schmucken Haus mit blühendem Vorgarten am Stadtrand von Bethlehem im Staate Pennsylvania. Sie waren angekommen. Und auch an jenem sonnenbeschienenen Ankunftstag in der neuen Heimat war nichts zu spüren von kommendem Unheil, eitel Freude herrschte und das Glück, endlich wieder vereint zu sein.

Im Hause der Verwandten, wo das junge Paar zunächst ein Zimmer bewohnen sollte, war alles vorbereitet für den Empfang, wie zuhause, wenn ein Familienmitglied nach langer Abwesenheit zurückkehrt.

Es gab Ilse ein Gefühl des Daheimseins, als wäre sie nicht von weither gekommen, als wäre am Ende dieser Reise das Schwabenland und nicht Amerika.

Obwohl die Tante es nur natürlich gefunden hatte, daß Hans sich von Anfang an ihrer Bemutterung entzogen hatte - ein junger Mensch muß seine eigenen Wege gehen, und sie hatte ja selbst zwei Kinder großgezogen - fand sie in Hans Verhalten doch fremde Züge, die ihr widernatürlich erschienen. Sie hätte erwartet, daß er ihr mehr von ihrer alten Heimat und von den Ereignissen dort erzählte, und wie das alles hatte so kommen können. Sie stellte immer wieder Fragen, worauf sie von Hans aber kaum Antwort erhielt. Schließlich gab die Tante es auf. Sie schob es auf all das Neue, das da auf den jungen Menschen einstürmte, so daß er die Zeit vor seiner Auswanderung einfach vergessen zu haben schien. Hans hatte ja auch bereits seine Einbürgerungspapiere beantragt und war im Begriff, amerikanischer Staatsbürger zu werden. Seine Begabung für Sprachen ermöglichte es ihm, bald fließend die Umgangssprache zu sprechen. Er hatte gute Arbeit gefunden und auch einen Platz zum Wohnen für sie Beide.

Die kleine Wohnung unterm Dach in dem alten Haus an der Verkehrsstraße in Hellertown, dem Nachbarort von Bethlehem, wartete darauf, daß sie eingerichtet wurde. Kisten und Koffer waren bereits am Bestimmungsort angekommen und harrten dem Auspacken. Drei Treppen hoch mußte alles geschleppt werden. Zwei winzige Stübchen zum Wohnen und Schlafen, in der Schräge war eine kleine Küche eingebaut.

Ein Wagenrad von Ventilator hing von der Decke herab. Ohne diese Luftfächerung wäre ein Bleiben unmöglich gewesen in der Sommerhitze und der Zwetschgendörre unterm Dach.

Zu der Weitläufigkeit der Landschaft schienen die Häuser eher klein geraten zu sein. Von einfachen Anfängen zeugten sie, vom Sichbescheiden und Bemühen. In Flachbauten, in Holzhäusern oder auch in Ziegelsteinbauten und grauen Steinhäusern säumten sie die Straße, die einer Durchgangsstraße glich. Geschäfte hatten sich dazwischengemengt, Bedarfsstätten der Siedler, und später breitete sich Leben aus in Seitenstraßen und rasenumsäumte Villen, die Mainstreet mit dem Kastanienbaum als Herz zurücklassend, von wo aus das Leben in seinen Adern pulsierte. Faszinierend immer wieder, voll offenkundiger Geschichte von den Anfängen in diesem Land.

An ihre ersten *"Hamburger"* und *"Hot-Dog"* erinnert sich Ilse lachend: Ein lappiges Weckle und ein übergroßes Fleischküchle, und eine sonderbare Rote Wurst als Hot Dog! Aber bald gewöhnte sich Ilse an die amerikanische Küche, es blieb ihr ja auch gar keine andere Wahl. Heute sind ihre gebackenen Bohnen, ihre Fried Chicken (Gebratene Hühnchen), ihre Applepies und Cookies (Kuchen) Anziehungspunkt fröhlicher Gartenparties.

Die erste Zeit verging mit Einrichten der neuen Wohnung und nahm alle Kraft und Gedanken in Anspruch. *"Was habe ich da oben geschwitzt!"* Ilse sagte es jedesmal, wenn wir später am alten Haus in der Mainstreet vorbeifuhren. Die Digitaluhr zeigte fast hundert Grad Fahrenheit, und ich konnte mir vorstellen, wie es dort oben unterm Dach heiß und stickig gewesen war.

Als wir im Juli 1977 zum erstenmal drüben waren, gab es in New York einen dreitägigen Stromausfall, einen Blackout, und just an jenem Sonntag waren wir mit einem Busausflug dort. Hatte der Bus, der uns am Morgen hinbrachte, Aircondition und Kühlung, daß man fast kalte Füße kriegte, so empfing einen beim Aussteigen eine Backofenhitze, die einem den Atem benahm.

Es war eine unbeschreibliche Hitze, die uns zuletzt auf die eingeplanten Sehenswürdigkeiten verzichten und im Kellerrestaurant eines Gebäudes Zuflucht suchen ließ. Anderen erging es ebenso, und das Lokal war gerammelt voll. Unter anderem bescherte uns dieser notgedrungene Besuch *"10 kleine Negerlein"*, rund um einen Tisch sitzend, mit Rüschenkleidchen und Spitzen und Zöpfchen und Schleifchen, ein Anblick, der selbst Einheimische schmunzeln ließ.

Am Morgen schon hatten wir damals die *"Liberty"* besucht. Sie hatte gerade ihren Arm mit der hochgehaltenen Lampe gebrochen und trug ihn im Gerüst. Innen führte eine Wendeltreppe bis hinauf in ihre Hand. Trotz ihrer monumentalen steinernen Größe wirkte die Liberty irgendwie klein und ohnmächtig, starr und verletzbar. Sie hatte nicht standgehalten, ihr Arm mit der erhobenen Lampe war heruntergesunken. Vielen hatte sie seit ihrer Erbauung den Weg gezeigt, jetzt waren es nur noch Besucher, die ihr Erhalt und Standfestigkeit brachten.

Dieser lange heiße Sommer, der kein Ende nehmen wollte.

Das Flirren in der Luft, die unheimlich hohe Luftfeuchtigkeit, wo nichts trocknete und alles klamm und feucht blieb, obwohl die Sonne stetig lachte. Und dann die bösen Gewitter, wo der Regen senkrecht herniederschoß aus einem graublassen Himmel, keine Kühlung hinterlassend.

Aber die Sommerabende, wo nach dem Abendessen, das die Hauptmahlzeit des Tages ist, weil die Arbeits- und Schulwege zu lang sind, um unterbrochen zu werden, Feierabend ist und man auf der Porch vor dem Haus sitzt - wenn die Eichhörnchen um die Ulmen huschen und hurtig daran hochklettern, die Luft so unvergleichlich duftet und die Grillen zirpen, später dann Tiraden von Leuchtkäferchen in der samtenen Nacht schimmern, wie Feuerfunken aus dem Dunkel aufsteigend.

Oder die Grillabende und Barbecues und Gartenfeste und Parties: Der heiße Sommer bot weitaus mehr Annehmlichkeiten als nur Schwitzen, und längst hatte man sich der erleichternden Technik bedient. So intensiv der Sommer ist, so kalt und eisig kann es aber auch im Winter werden, und oft ist er begleitet von Unmengen von Schnee, wie zum Beispiel im Winter 1994. Bis zu den Dächern lag damals der Schnee, und immer wieder legte er neue Lagen auf die eisigen Flächen. Auf T-shirts konnte man die Menge und die Schneehöhe ablesen, und darunter stand aufgedruckt die Feststellung: *"Ich überlebte Pennsylvaniens Winter 1994!"*

Auf einer Autofahrt von Buffalo her hatte uns ein Gewittersturm einmal fast von der Autobahn gefegt, und ich konnte mir gut vorstellen, wie das wäre, wenn man in den Weiten des Landes von einem Schneesturm überrascht würde, eine menschliche Behausung weit entfernt und unerreichbar. Das Land der Gegensätze, auch in der Natur.

Bestehen

Leben heißt *"heute"*, und Leben und Sterben -
es ist immer der Tag, der *"heute"* heißt.

Ilse fand rasch Arbeit, und bald nähte sie in einer Kleiderfabrik Musterstücke. Echte deutsche Wertarbeit wurde in Ilse's Händen zum Beweis. Allerdings trug ihr dieser Vorzug nicht nur höheren Lohn ein, sondern auch Eifersucht und Neid. Kaum ein paar Wochen da und schon oben, während andere jahrelang darbten.

Alles schien gut zu gehen, trotz der Anfangsschwierigkeiten und dem Handikap der Sprache. Gemeinsam ging alles leichter, und sie waren jung und willens, in diesem Land zu bestehen.

Am Ende dieses langen heißen Sommers hatte das Schicksal aber für das wiedervereinte Paar noch einen dicken Brocken parat: Hans mußte zu den Soldaten, mußte seinen Militärdienst in seiner Wahlheimat ableisten! Er mußte einrücken und kam zur Ausbildung auf eine südliche Insel. Es war die Zeit des Korea-Krieges.

Niemand konnte wissen, was einem Soldaten in dieser Zeit bevorstand, und die Sorge, daß Hans in einen neuen Krieg ziehen müßte, schien den Himmel einbrechen zu lassen. Kaum wiedervereint, wurden die beiden schon wieder getrennt. Hans selbst nahm es eher gelassen. Aufgewachsen unter Zwang und Militärdienst war es ihm nichts Neues, auch hier pflichtschuldigst sein Scherflein zu geben. Er war zuversichtlich, daß er bald wiederkommen würde. Ob er geahnt hatte, daß dieser Einsatz nicht von langer Dauer war?

Es ging ihm nicht gut. Das ständige Kopfweh, das ihn plagte, schob man auf das feuchtwarme Klima, das er wohl nicht vertrüge. Ob dies nun die Ursache war oder nicht, es diente dazu, daß Hans für nicht tauglich für Kriegsdienste erklärt wurde. Nach einem knappen Vierteljahr wurde er wieder aus der Armee entlassen. Glück oder

Unglück, wer vermag hier das Schicksal zu deuten? Auf dem Grab von Hans im Friedhof von Hellertown, wo man unendlich weit ins Land schauen kann, flattert der Ehrenwimpel der Armee-Veteranen.

Ilse nützte die Zeit des Alleinseins, um verstärkt die Sprache zu lernen, die sie täglich dringend brauchte. Sie besuchte Abendschule und Kurse, fand auch hilfsbereite Menschen, die ihr beistanden. Und dann war ihr Mann wieder da, eher als erwartet. Nein, Sorgen machte sie sich nicht darüber, daß er der Gesundheit wegen entlassen worden war, dafür war die Freude des Wiederdaseins viel zu groß. Alle schweren Gedanken wurden zur Seite geschoben, zumal Hans in den Stahlwerken eine verantwortliche Stellung gefunden hatte.

Der Winter brachte erneute Schwierigkeiten. Jetzt war es die eisige Kälte dort oben im bescheidenen Heim unterm Dach, und obwohl man keine Kohlen und Holz hochschleppen mußte und die Räume beheizt wurden, war es doch recht ungemütlich. Es war ein schneereicher Winter, Eisglätte bedeckte die Straßen und brachte Gefahren mit sich, die die Ilse ihr behindertes Bein wieder schmerzlich ins Bewußtsein riefen. Ein kleiner Ausrutscher, und schon hatte sie den Fuß verstaucht.

Ein zweiter Winter war unter diesen Umständen nicht ratsam in dieser kleinen Wohnung, und man suchte nach einer anderen Bleibe. In der Siedlung in Hellertown fand man ein hübsches Haus, das für die junge Familie, oder besser für die werdende Familie, gerade richtig erschien. Im Frühjahr des folgenden Jahres wurde ein Töchterlein geboren, dem sich drei Jahre später ein Schwesterlein anschloß. Fotos von der glücklichen Familie gingen nach Hause zu den Großeltern, die sich herzlich freuen durften über ihre Kinder, die ihren Weg in der neuen Welt gefunden hatten.

Glückliche Jahre

Hätte man Ilse später gefragt, welche Zeit es wäre, die sie noch einmal durchleben wollte, so wäre es diese Zeit gewesen. Die Zeit, wo die Kinder heranwuchsen und zur Schule gingen; wo der Mann seiner täglichen Arbeit nachging und abends müde heimkam; die Zeit, wo Haus und Garten und Familie ganz ihr Leben beanspruchten, obwohl sie immer noch Zeit fand, wenigstens stundenweise ihrem Beruf gerecht zu werden.

Fast in jedem Haus in der von Ulmen gesäumten breiten Allee herrschte damals reges Treiben, in jedem Haus gab es Kinder, deren Väter in den Stahlwerken arbeiteten. Viele Einwanderer waren darunter, auch aus Deutschland.

Die Gemeinde, die Kirche, waren Mittelpunkt im geselligen Leben; dort kam man zusammen, dort fand man Rat und Hilfe bei anstehenden Problemen. Daneben gab es die verschiedenen Clubs, von den bestehenden Einwanderergruppen gebildet. Der deutsche Club und der Männergesangverein unterhielt ein gepflegtes Vereinsheim mit ausgedehnten Spiel- und Rasenflächen. Das waldige, mit Wiesenflächen durchsetzte hügelige Gebiet rund um Hellertown bot Gelegenheiten zu Ausflügen und Wanderungen, im großflächigen See tummelten sich Entenfamilien und Gänsescharen. Vom Hügel oben kann man weit hinaussehen ins Land Pennsylvanien, das so sehr dem Schwabenland gleicht, könnte man es nur ausziehen wie einen Hefeteig, und könnte man Burgruinen setzen auf die bewaldeten Berggipfel, und Türme und Mauern. Aber nichts dergleichen ist da, nur eine ruhige, endlose Weite, in der die knapp zweihundertjährige Geschichte versinkt.

Im Jahre 1792 wurde Hellertown von Christoph Heller gegründet, einem Einwanderer aus Deutschland. Das Haus in der Mainstreet, wo die Familie Heller wohnte, wird heute als Museum gepflegt und verwaltet.

Fährt man vom Haus Heller in der Stadtmitte seitlich stadtauswärts, so grüßen einen bald Schilder mit der Aufschrift: *"Besuchen*

Sie die Lost River Cavern", eine der vielen Tropfsteinhöhlen, die das Land Pennsylvanien durchziehen. Wie der Name sagt, ist dies die *"Höhle des verlorenen Flusses"*. Ganz in der Tiefe schimmert der Fluß noch hervor, der sich im Laufe der Jahrmillionen immer tiefer verloren hat im Gestein.

Genau über dieser Höhle liegt die Siedlung, die einst für die Stahlarbeiter erbaut wurde, und wo Ilse heute noch wohnt.

Es ist still geworden dort oben, und viele Häuser stehen zum Verkauf. Die Stahlwerke haben abgebaut, andere Materialien haben übernommen, die Werke sind zum Teil stillgelegt. Die jungen Menschen aus der Siedlung, die Kinder von einst, haben in den Stahlwerken nicht mehr ihr Auskommen gefunden und sind weggezogen. Der Sonntagsfriede, der auf der Allee liegt, täuscht: das Leben, das einst hier pulsierte, ist der Technik zum Opfer gefallen.

Aber bald wird das wieder anders werden, wenn noch mehr Highways gebaut werden, auf denen die Menschen geschwind die große Stadt New York erreichen können, und so weit entfernte Orte wie diese in das Umfeld der Stadt einbezogen sind. Eine andere Generation übernimmt, die Zeit der Anfänge ist vorbei.

Aber jedes Jahr findet im benachbarten Bethlehem das Musikfest statt, und in jedem Jahr wird ein anderer Musikverein aus *"dear old Germany"* verpflichtet, eine Woche lang beim großen Fest zu spielen. Dann gibt es Heimatmelodien und Volksfest und einen traditionsreichen Festzug, wo alle Einwanderer stolz ihr Erbe vorzeigen und feiern. Unvergessen bleibt in den Herzen die deutsche Heimat, auch wenn die Sprache längst anders geworden ist.

Da sie sparsam waren und fleißig, wie es echte Schwaben nun einmal sind, waren es gute Jahre im Häuschen in der Willow Road, der Weidenstraße, mit Kinderlachen und Familienglück, wie es Ilse's Traum von Kindheit an gewesen war.

Hans war ein unverbesserlicher Bastler; sein Erfindungsgeist kannte keine Grenzen, und oft saß er bis in die frühen Morgenstunden bei seinen Werken. Es schien sogar, als ob er mit einer Neuheit Glück haben sollte, aber es kam dann doch nicht soweit. *"Guck nur"*, sagte Ilse bei meinem letzten Besuch drüben, als wir im Kaufhaus vor den Rollschuhen standen, *"jetzt sind die Dinger auf dem Markt, die Hans damals erfunden hat..."* Damals hatte es nicht sein sollen.

Briefe und Päckchen gingen hinüber und herüber, besonders zu Weihnachten. Da mußten unbedingt Weihnachtsbrötle von daheim ins Päckle, Ausstecherle und Butter-S und Zimtsterne, und Ilse brachte es nicht übers Herz, der Mutter zu schreiben, daß nach vier Wochen Transport alles nach Packpapier und Karton roch und in Bröseln ankam: *"Alles hat wunderbar geschmeckt..."*

Drüben wurde ja auch gebacken, nach altem heimatlichen Rezept. Die beiden Töchter halfen fleißig mit. Einmal mußte man die ganze *"Bachet"* mit einem Wellholz bewerkstelligen, dem ein Griff abgebrochen war. Es war ein schwieriges Unterfangen. Klein-Margret kaufte der Mutter dann zu Weihnachten ein neues Wellholz und verlangte ausdrücklich eines *"mit zwei Henkeln"*!

Zuhause wurde, als die Kinder klein waren, in der Regel deutsch gesprochen. Leider verlor sich dieses zwangsläufig, weil die Kinder in der Schule ja englisch unterrichtet wurden, und auch die Eltern im täglichen Leben englisch sprechen mußten. Nicht immer ging diese Zweisprachigkeit problemlos vor sich, obwohl die Kinder in der Schule auch Deutschunterricht bekamen. Eines Tages nahm man dort den Körperbau des Menschen durch, und insbesondere den Rücken. Da wußte es Klein-Erna natürlich besser: *"Das heißt nicht Rücken, das heißt Buckel..."*

Längst hatte auch Ilse ihre Einbürgerungspapiere erhalten, und längst konnte sie sich fließend in der Landessprache unterhalten. Aber ihre schwäbische Mundart hat sie nie vergessen, und es schlichen sich in die Briefe neben englischen gängigen Ausdrücken reine schwäbische Worte, wie sie daheim schon nicht mehr geläufig waren. Bei Besuchen daheim war es immer so: kaum war die Ilse zwei Tage da, sprach sie wieder ihren Heimatdialekt, als wäre sie niemals fortgewesen.

Aber auf den "Buckel" geladen sollte sie noch viel bekommen in den folgenden Jahren. Zu einem Heimaturlaub hatte es nicht gereicht, auch nicht zur Hochzeit der Schwester, deren Hochzeitskleid sie ja so gerne genäht hätte. Man reiste in den 50er-Jahren noch nicht so geschwind von einem Kontinent zum andern. So blieb den Beteiligten eben das stille Drandenken an die Feste hüben und drüben. Später sprachen wir oft darüber und nachdenklich wurde uns bewußt, daß wir doch garnicht die vielen Erinnerungen hätten, daß wir uns nie so besuchen hätten können, nie diese Reisen überhaupt möglich gewesen wären, wäre Ilse nicht ausgewandert. Aber den Sinn eines Ganzen, den sieht man meist erst am Schluß.

Aber dann war es doch soweit! Endlich wollten die Großeltern doch auch ihre Enkelkinder kennenlernen! Und konnten sie schon nicht hinüberreisen in ihrem Alter, so konnten sie es doch ermöglichen, daß die Kinder herüberkamen. 1961 war es dann soweit; nur Vater Hans konnte damals aus beruflichen Gründen nicht mitkommen.

Ilse reiste mit dem Schiff, das sie vor zehn Jahren hinübergetragen hatte, mit den beiden Kindern zum ersten Besuch in die alte Heimat. So sehr die Reise ein Erlebnis war, so fürchterlich war die Seekrankheit, die besonders den beiden Kindern zu schaffen machte. Und kaum angekommen bei den Großeltern, mußten sie erneut in Quarantäne: noch drüben hatten sie die "German measels", die Masern, eingefangen, und diese dann übers große Wasser getragen. Jetzt kamen die "Roten Flecken" fröhlich zum Blühen. Ilse's Jungmädchenzimmer von einst wurde zur Kinderkrankenstube, und Besucher mußten tunlichst draußen bleiben. So war der Urlaub sehr beeinträchtigt, und man erbat Verlängerung, was auch gewährt wurde.

Es wurde eine wunderbare Zeit, ein Sommer, den keines der Beteiligten je vergessen sollte, der wiedergutmachte, was an Entbehrungen und Sehnsüchten vorausgegangen war. Man mußte einfach jeden Tag etwas unternehmen, traf sich zu Familienfesten und Ausflügen, nützte die Tage zum fröhlichen Beisammensein. Die Enkelkinder turnten auf Opas krankem Bein, und der Opa verkniff sich die

Schmerzen vor lauter Enkelfreude. Ecken und Winkel im alten Elternhaus fanden ungeteiltes Interesse und auch die Nachbarschaft kam nicht zu kurz. Nachbars Heinz durfte Kindermädchen spielen, was ihm absolut kein Possen war. Nur als es dem Nachbaropa gar zu bunt herging und er laut und vernehmlich bruddelte, meinten die beiden kleinen Amerikanerinnen sehr überzeugt: *"...der kann uns doch gar nicht hören, der hat doch keine Zähne..."* Schwäbisch lernten sie auch, und in den Wengert durften sie auch mit. Der Heinz nahm die beiden mit, setzte eine vorne aufs Rad und eine hinten und radelte los. Die kleinen Mädchen halfen wo sie konnten, und während der Heinz mit Buckelspritze und Felghaue hantierte, drehten sie am Ventil des Fahrrads, bis die Luft mit einem Pfeifen entwich, was eine besondere Freude war. Dann entdeckten sie buntschillernde Wasserpfützen, spiegelten sich darin und beschlossen, darin zu baden. Die Kleider, die dabei gelitten hatten, wurden hinterher ebenfalls gebadet und gewaschen. Und man half beim Spritzen, indem man feste die Pfütze austappte. Wenn dann alles in allem auch noch was in die Hosen ging, wusch der tapfere Heinz Höschen und Popo und hängte die Höschen zum Trocknen an den Wengertpfahl. Schließlich konnte man ja am Abend nicht gar zu abgerissen heimkommen, schon der Plattfüße wegen, wenn man doch laufen mußte.

Und selbst die Oma mußte lernen, daß sie nun eine Granny war und der Opa ein Grandpa, und daß ihr Enkelkind ein *"Tingle"* und einen *"Pupper"* machen mußte im *"Bathroom"*, zu dem der gute alte Plumsclo avancierte. Und da war die Mummy anstatt der Mama, der Daddy anstatt dem Papa, und man machte eine *"Walk"* und nicht einen Spaziergang!

Was für ein grandioses Erleben! Und Granny und Grandpa lernten tapfer!

Aber der Abschied kam viel zu schnell. Wiederum wartete drüben der Mann und Vater. Das Familienalbum hat sich im Laufe der Jahre mit Abschiedsfotos gefüllt. Immer wieder Abschied - traurige Gesichter, Koffer und Reisetaschen aufbruchbereit.

Diesmal gings zum Flughafen, mit dem Auto. Ein kurzes Umdrehen an der Sperre, ein letztes Winken, und Aufsehen zum Himmel, wo das Flugzeug hurtig dem Blick enteilt.

Ach ja - wäre es möglich, einen Abschnitt im Leben zu wiederholen, so hätte Ilse ohne Zögern diese Jahre gewählt, in denen die Kinder heranwuchsen, der Mann jeden Tag zur Arbeit ging, das tägliche Glück so vollkommen schien mit all seinen kleinen und großen Nöten, und immer alles wieder gut wurde. Wenn die Kinder morgens zur Schule das Haus verließen, aus den Nachbarhäusern Kinder sprangen und sich anschlossen, fröhliches Kinderlachen erscholl, und die Jahreszeiten im Gleichmaß von Arbeit und Feierabend ihren Lauf nahmen. Wäre dieses Häuschen mit dem blühenden Gärtle dahinter im Schwabenland gestanden und nicht überm großen Teich, Ilse's Jugendtraum hätte sich in schönster Weise erfüllt. Aber nichts ist vollkommen im Leben.

Wenn bloß dieses erneute Heimweh nicht gewesen wäre! Das Bild vom riesengroßen Meer, das einem den Boden unter den Füßen wegzog, dieses zentnerschwere Gefühl in der Brust! Wenn sie bloß geschwind heimlaufen könnte, nur ganz geschwind, und gleich wieder zurückkehren, und alles wäre gut!

Alles mußte erneut durchgestanden werden. Die Füße liefen herum, taten ihren Dienst in den gewohnten Wegen, die Hände glitten über den Stoff und schoben das Material unter den Steppfuß der Nähmaschine. Alles ging seinen Gang - nur die Gedanken, die schienen irgendwo in der alten Heimat hängengeblieben zu sein.

"Was ist los mit Dir?" Hans fragte es ärgerlich. Er selbst hatte ja längst das Heimweh überwunden. *"Nichts"*, sagte Ilse, *"es ist nichts!"* Aber sie konnte ihre Tränen nicht zurückhalten. Da nahm sie ihr Mann bei der Hand und führte sie hinters Haus in den Garten, wo die Blumen wild durcheinanderwucherten, der pflegenden Hand beraubt gewesen für lange Zeit. *"Sieh nur, Deine Blumen, wie sie auf Dich warten, wie sie sich freuen, daß Du wieder da bist!"*

Die hintere Veranda war voll mit Blumentöpfen. Nun war es, als strahlten sie alle mit ihrer Pracht um die Wette, daß Ilse endlich wieder da war und für sie Sorge trug. Die Geranien lachten in leuchtendem Rot, die fleißigen Lieschen eiferten in bunten Farben und in dichten Büscheln, als wollten sie zeigen, wie fröhlich und bunt die Welt sein konnte. Sieh wir sind alle da, und wir brauchen Dich, genauso wie Deine Familie!

Ihre hintere Porch, die Veranda, das war immer Ilse's besonderer Stolz. Sie hatte den berühmten *"grünen Daumen"* und brauchte die Pflanzen bloß anzusehen, und schon schienen sie sich zu entfalten und zu wachsen. Sie redete mit ihren Blumenkindern und kannte sie beim Namen, steckte prüfend den Finger in die Erde, ob sie auch genug zu trinken hatten, und düngte liebevoll jede einzelne Pflanze.

Im kleinen Gemüsegarten wuchs alles wild und selbstaufgegangen. Nichts war heuer angepflanzt worden, aber die Samen vom letzten Jahr trugen genug Früchte. In diesem fruchtbaren Boden wuchs alles. Kein Wunder, daß sich im fruchtbaren Pennsylvanien einst so viele Siedler eingefunden hatten. Vom Meer her, wo sie an Land gegangen waren, zogen sie mit ihren Planwagen landeinwärts, fanden gutes Land, weites Land, so weit das Auge reichte. Prüfend hoben sie die Hand gegen die Sonne vor die Augen. Hier laßt uns bleiben, sagten sie, hier laßt uns unser Heim bauen!

Es war Ilse, als erwachte sie von einem tiefen Traum. Sie war wieder hier, hier war jetzt ihre Heimat, sie hatte sich entschieden. Drüben die alte Heimat war nicht verloren, man konnte einander schreiben, ja man konnte sogar miteinander reden! Ein paar Zahlen am Telefon, und schon sagte einer *"Grüß Gott"* am anderen Ende der Leitung, als stände er dicht neben einem.

Sie beschlossen, eine Ferienwoche in den nahegelegenen Bergen, den Poconos, einem dem Schwarzwald sehr ähnlichen Bergland, zu verbringen; oft schon hatten sie die Wochenenden dort verbracht. Die Kinder jubelten. Sie waren hier geboren, Amerika war ihre Heimat.

Und immer wieder Abschied

Die Jahre vergingen. Die Töchter wuchsen heran, hatten ihre eigenen Freunde. Oft fand man sich zusammen an Sommerabenden, zu Picknicks und Parties, diesen unvergleichlichen Gartenfeste, im grünen Rasen und *easy way of life*, dem so zwanglosen Beisammensein, wo die Speisen und Getränke verlockend auf den Tischen aufgebaut werden, und sich jeder einfach selbst bedient. Es schien mir immer, als ginge alles wie von selbst, und wunderte mich, warum wir das daheim nicht auch fertigbringen.

Die Gewohnheit der dahinfließenden Tage ließen die Veränderung unbemerkt, die sich allmählich im Wesen von Hans vollzog. Ilse schob es auf das heiße, drückende Wetter im Sommer, wenn Hans müde und abgeschafft von der Arbeit heimkam und über ständiges Kopfweh klagte. Auf Befragen zuckte er nur die Schultern, er sei einfach müde. Und das war ja auch kein Wunder. In jeder freien Minute hockte er im Hobbyraum und bastelte an seinen Erfindungen, oft bis tief in die Nacht.

Die Kinder brachten gute Zeugnisse nach Hause. Zur Belohnung fuhren sie in jenem Sommer ans Meer, das ja auch nicht allzuweit entfernt lag. Dort würde sich der Vater sicher erholen.

Es wurde ein herrlicher Urlaub, alles schien sich wieder einzurenken. Bei der Heimfahrt aber geschah etwas Seltsames. Hans, sonst ein verläßlicher Fahrer und seines Weges kundig, wußte plötzlich den Weg nicht mehr. Er saß am Steuer und fuhr einfach drauflos, ohne Ziel und Richtung. Nach langen Irrfahrten kamen sie endlich heim, und Ilse schwor sich, ihren Führerschein so bald als möglich zu machen, was ihr auch bald darauf gelang.

Von diesem Tag an veränderte sich ihr Leben. Etwas stimmte mit dem Vater nicht mehr. Zwar ging er jeden Morgen wie immer zur Arbeit, und dort gabs auch keine Schwierigkeiten, aber zuhause verlor er jegliches Interesse. Hatte er früher kleinere Reparaturen und Handwerkerarbeiten selbst erledigt, so mußte Ilse jetzt bei jeder Gelegenheit den Handwerker rufen, für alles die Verantwortung übernehmen. Es war sinnlos, ihn aufzumuntern und in den täglichen

Ablauf des Familienlebens mit einzubeziehen, er saß nach der Arbeit im Sessel und starrte vor sich hin. Es blieb an Ilse, zu übernehmen. Noch keine vierzig Jahre alt war Hans damals. Die Ärzte konnten nur feststellen, daß infolge des erlittenen Unfalles in den Kriegsjahren das Gedächtnis im Schwinden begriffen sei. Der Traum vom gemeinsamen Urlaub in der alten Heimat war aber noch nicht ausgeträumt. Fast wäre die Reise jedoch noch geplatzt, weil Ilse sich das Bein brach und dies große Probleme auch mit der kranken Hüfte hervorrief. Bis zum geplanten Termin aber war alles wieder soweit heil, man konnte fliegen.

Wir holten die Familie am Flughafen ab. Da kamen zwei fast erwachsene junge Damen, eine strahlende Ilse, und ein fremd und müde wirkender Hans die Treppe herunter! Ja, natürlich, zwanzig Jahre waren vergangen, seit ich diesen Mann in der Blüte seiner jungen Jahre zum letztenmal gesehen hatte. Natürlich war es möglich, daß die vollen Haare von einst einer lichten Weite gewichen waren, daß die ganze Erscheinung älter wirkte. Aber irgendwie hatte sich Hans verändert, wie man es nicht einfach hinnehmen konnte.

"Grüß Gott!" Es übertönte alles, dieses schwäbische *"Grüß Gott"*, und die Amerikaner bemühten sich, es an uns zurückzugeben, nur Hans fand die Worte nicht.

Während Ilse nach guten zwei Tagen wieder zur Schwäbin wurde und schwätzte, wie ihr der Schnabel gewachsen war, konnte Hans die Muttersprache nicht mehr finden. Es war, als wäre sie versunken in den Untiefen seines Gehirns. Keine noch so gut gemeinte Ermahnung *"schwätz schwäbisch"* konnte sie zum Auftauchen bringen.

Im Englischen allerdings hatte er keine Schwierigkeiten. Er verstand alles, was die Leute auf schwäbisch zu ihm sagten und gab darauf in englisch Antwort. Es war dies kein böser Wille, Hans konnte einfach nicht anders.

"Wie geht's, Hans?" Wie oft wurde er das gefragt! Und immer hinterließ die auf englisch gegebene Antwort *"es geht mir gut"* fragende Blicke. Ein tiefer gehendes Gespräch war nicht möglich, auch nicht auf englisch. War früher Hans der Führende gewesen, so fiel es jetzt auf, daß Ilse alles in die Hand nahm.

Viel zu schnell vergingen die Wochen, und wiederum Abschied, immer wieder Abschied! Sorgenvolle Gedanken begleiteten die Lieben nach drüben in ihre neue Heimat.

Während in den 70er Jahren in der alten Heimat das Wirtschaftswunder die schönsten Blüten trieb, ging es in der neuen Heimat eher rückwärts. Rezession, Arbeitslosigkeit krochen wie feuchte Nebel übers Land und ließen die Menschen frösteln in der Erinnerung an die *"Great Depression"* der 30er Jahre.

Auch die Stahlarbeiter litten. Bald sollte es ja in der alten Welt nicht anders sein. Stahl war nicht mehr das beste und einzige, andere Materialien kamen auf und übernahmen den Markt.

Zahlreich hatten die Einwanderer damals Arbeit gefunden in den Stahlwerken, nun verloren viele ihren Arbeitsplatz oder mußten darum bangen. Hans durfte aber bleiben. Bis zu jenem Tag, an dem er am Arbeitsplatz zusammenbrach.

Die Jahre, die folgten, waren alles andere als leicht für Ilse. Obwohl sie daheim dringend gebraucht wurde, ging sie wieder ganztags zur Arbeit. Ihre goldenen Hände sicherten ihr den Arbeitsplatz, den sie jetzt so dringend brauchte. Kranksein in Amerika kostet viel Geld, und die Rente, die der Mann bekam, war recht schmal.

Die beiden Töchter beendeten die Schule und ergriffen beide einen medizinischen Beruf. Das erleichterte die Pflege des kranken Vater sehr, der immer mehr dahinsiechte. Die Ärzte hatten festgestellt, daß das Gehirn infolge des damals erlittenen Unfalles langsam seiner lebenswichtigen Funktionen beraubt wurde. Niemand konnte helfen.

"Es wird dir nicht mehr aufgeladen als du tragen kannst..." Immer wieder gaben diese Worte Ilse die Kraft weiterzumachen, auch wenn es unsagbar schwer wurde, und die Beine sie nicht mehr tragen wollten. Ihr eigenes Leiden aus der Kinderzeit kam immer mehr zutage und plagte sie sehr.

An einen gemeinsamen Urlaub war nicht mehr zu denken. Aber eines Tages ergriffen die Töchter die Initiative und schickten die Mutter zur Erholung in die alte Heimat. Ein kleiner Ersatz für das, was man nicht zusammen feiern konnte und wo man so gerne dabeigewesen wäre, bei Geburtstagen, Konfirmationen, Hochzeiten und

Taufen. Schließlich konnte man ja nicht einfach um die Ecke laufen, um dabeizusein. Auch nicht, als die Eltern für immer gingen und man sie zur letzten Ruhe trug.

An jenem Tag, als das Telefon klingelte, hatte Ilse immer an daheim denken müssen. Eine sonderbare Unruhe war in ihr gewesen, und sie war zweimal von ihrer Arbeitsstelle nach Hause gefahren, um nach ihrem Mann zu sehen. Sie tat das fast jeden Tag. Heute war aber alles gut gewesen, doch am Abend schellte das Telefon, schrill fuhr es in Ilse's Gedanken. Es war die Mutter, die Abschied genommen hatte von dieser Erde.

Still ging Ilse vors Haus und ließ den Tränen freien Lauf. Die Sterne blickten aus einem samtenen Sommernachtshimmel auf sie herab, als wollten sie tröstlich sagen: sieh, wir sind da, unendlich und ewig, auch wenn alles vergeht.

Ich sah meinen Schwager Hans zum letztenmal im Jahr 1980, als wir eingeladen waren zur Hochzeit der Tochter, und wir der Einladung natürlich Folge geleistet hatten. Damals glaubte ich nicht, daß es noch sechs Jahre dauern sollte bis zum Ende, so krank und elend war Hans.

Die Pflege ihres Mannes nahm Ilse nun ganz in Anspruch, es bedurfte ihrer letzten Kraft.

Als dann 1986 endlich die Erlösung alles irdischen Leidens kam und Hans heimgeholt wurde ins ewige Leben, war auch Ilse am Ende ihrer Kraft. Die längst fällige Hüftoperation wurde vorgenommen, sie kostete ihr fast das Leben. Als sie aus der Narkose erwachte, sah sie in die Augen ihres Pastors, der rasch geholt worden war, weil man das Schlimmste befürchtete. *"Nein"*, sagte Ilse später, *"das Licht am andern Ende des Tunnels war nicht da, da war nichts, ich wunderte mich nur, daß alle um mein Bett standen und heulten..."*

Sie standen noch mehrere Male um ihr Bett, furchtsam, die Mutter zu verlieren. Doch Ilse war tapfer. Ihre Zeit war noch nicht zu Ende, die Zeit, als viel gefragte Großmutter für ihre drei Enkelbuben und einer Enkeltochter da zu sein und immer zu verstehen.

"Er lädt Dir nicht mehr auf, als Du tragen kannst..."

Erinnerungen

War es bisher nicht möglich gewesen, einen Besuch drüben zu machen, so ebneten sich plötzlich die Wege. *"Jetzt guckst aber nach den Lieben drüben..."* Es war mir, als hörte ich der Mutter Stimme aus den Zweigen im Baum über ihrem Grab. Die Stimme ließ mich nicht mehr los, sie zeigte mir Möglichkeiten und Wege. Alles war auf einmal ganz einfach.

1977 war es dann, 26 Jahre nach Ilse's Auswanderung, als unsere erste Reise nach Amerika stattfand, der noch weitere folgen sollten. Was ist es doch für eine gute Sache, wenn man die Segnungen der Neuzeit annehmen darf und nur geschwind - zu einer Hochzeit oder Familienfest - ans andere Ende der Welt reisen kann!

Und so kam es, daß an einem lauen Sommerabend in Ilse's Wahlheimat im schönen Pennsylvanien etliche Schwaben sich im Garten hinterm Haus versammelten und zur Freude der Nachbarn altvertraute schwäbische Heimatlieder sangen: *"Daß wir uns hier in diesem Tal noch treffen so viel hundertmal..."* Vielhundertmal war's dann nicht, aber doch noch mehrere Male.

Natürlich mußte ich bei meiner ersten Reise nach Amerika auch Bönnigheimer Wein mitnehmen. Bönnigheimer Wein und Laugenbrezeln, auch wenn diese dann bocksteif waren und bretthart!

Ich packte die Reisetasche sorgfältig voll mit Weinflaschen und hütete sie gut beim Flug über den Wolken, und brachte sie auch heil wieder runter auf den Flughafen. Aber dort muß die Tasche wohl einen argen Stoß erhalten haben, denn als ich die Tasche zum Ausgang schleppte, tropfelte der kostbare Inhalt aus der Tasche und hinterließ eine weinselige Spur, während die Tasche immer leichter wurde. Also ging es bei der nächsten Reise auch ohne! Es hat alles zwei Seiten, und man muß ohnehin essen und trinken, was im Lande wächst!

$$* * * *$$

Es war jeweils im Herbst, als die Nichten uns besuchten, und natürlich durften die Amerikanerinnen mit ins Traubenlesen, ein solches Ereignis konnte man doch nicht auslassen! Beim Vespern und dem Vorjährigen wurde es ein bißle allzuviel des Guten und

Ungewohnten. Die beiden merkten es dann am Abend. Gut, daß der Weg nicht lang und das Bett nicht weit war.

Es war an diesem Herbsttage so, als hätte sich der *"Jetlag"*, der die Menschen, wenn sie von drüben angereist kommen, so hinterhältig ins Schlepptau nimmt, ins Schwabenländle und in den herbstlichen Wengert verirrt, wo er mit dem Weingeist zusammen seine Possen und sein Unwesen trieb bis in die mitternächtlichen Träume hinein.

* * * *

Nein - so geschwind einen Krankenbesuch in Amerika machen, das ging dann doch nicht! Aber mit dem Telefon schon. Ein kurzes Klicken, das Piepszeichen vom Satelliten - und schon ist es da, das *Hallo* von drüben!

Wenn man aber so krank ist, und man doch nicht weiß, ob es nicht das letztemal... *"Besuchen wir sie doch einfach!"*

Und so geschah es. Wir schrieben es nur der übrigen Familie, und die sollte dicht halten, Ilse wollten wir überraschen. Wir freuten uns diebisch und malten uns aus, was sie für ein Gesicht machen würde, wenn wir so einfach um die Ecke bogen. Fast aber hätte Ilse Wind von der Sache bekommen, weil sich ein paar Telefonate halt doch nicht umgehen ließen.

Wir landeten nach gutem Flug wohlbehalten in New York, schleppten unsere Koffer mit dem stärkenden und wohlverpackten schwäbischen Wein durch die Sperre.

"Eine gute Zeit in den Staaten!" Damit drückte mir der Beamte am Ausgang ein kleines Heftchen mit *"goldenen Worten"* in die Hand. Ich schlug es auf, und mein Blick fiel auf die Worte *"...sollen nicht verloren werden...,"* dann nahmen uns die Erfordernisse unserer Ankunft gefangen. Unser vorbestelltes Auto wartete schon, wir verstauten unser Gepäck, und los gings. Wir waren ein gutes Team, Fred fährt, ich kann mich in der Landessprache verständigen. Er weiß den Weg, sagt er. Schließlich ist es ja nicht das erstemal!

Aber heute ist alles anders.

Dies ist nicht mehr der Highway, der um New York herumführt, dies ist eine holperige, mit Schlaglöchern bestückte Landstraße, die in einen nicht sehr vornehmen Stadtteil führt. Wir müssen zur

Verrazano Bridge, der Stahlbrücke außerhalb New York, die müssen wir überqueren, und dann weiter ins Land.

Ich kurble das Fenster herunter und frage eine Passantin nach dem Weg. Die schwarze Dame zuckt die Achseln, sie weiß es nicht; auch bei der nächsten die gleiche Antwort. Dies scheint ein ganz schwarzer Stadtteil zu sein, wir sehen in lauter schwarze Gesichter. Dort drüben steigt grade eine schwarze Braut mit weißem Schleier ins Auto, Bräutigam und Hochzeitsgesellschaft, alle dunkelhäutig. Eigentlich ein ganz hübscher Anblick. Ich steige aus, hüpfe über ein paar Wasserpfützen am Straßenrand und frage zwei sich unterhaltende Männer. *"Sorry, M'm, no idea..."*

Sehe uns schon irgendwo in diesem schwarzen Ort übernachten und schicke ein Stoßgebet zum Himmel. Wenn wir nur heil aus diesem Blackout wieder herauskommen!

Entschlossen macht Fred kehrt. Zurück zum Ausgangspunkt, und von neuem losfahren! Eine Tankstelle kommt in Sicht. Ein letzter Versuch und Frage an den vermeintlichen Tankwart: *"Können Sie uns helfen?"* Der Mann lacht: *"Oh, Sie sind ganz nahe! Folgen Sie mir..."* Er setzt sich zu seiner Familie ins Auto, fährt uns voraus, winkt uns, auf dem Weg zu bleiben und verschwindet in der Seitenstraße. Plötzlich kennen wir uns wieder aus, die Straße öffnet sich, vor uns liegt unsere Brücke! - *Sollen nicht verloren werden...*

Aber in Hellertown wartet man, längst sind wir überfällig. Es wird doch nichts passiert sein? Die Aufregung überträgt sich auf Ilse, die Spannung wächst. Was habt Ihr bloß alle?

Mit drei Stunden Verspätung biegen wir dann ums Eck. Auch wir sind ganz aufgeregt, freuen uns unbändig. Das Auto hält, wir steigen aus, und ich renne die Stufen zum Haus hinauf: *"Hallo, jemand zuhause?"* Und dann liegen wir einander in den Armen! Später meint Ilse, sie habe ihren Augen nicht getraut, sie habe gemeint, Geister zu sehen.

* * * *

Wir sind allein im Haus, und ich muß mich mit den Gegebenheiten vertraut machen.

Am Abend lasse ich mir den Coffeemaker, die Kaffeemaschine, die seit Anbeginn treu und brav den Kaffee braut, erklären. *"Ja, ja"*, sag' ich, *"ist ja kein Hexenwerk, und daheim koch' ich auch Kaffee..."* Und ich weiß es auch noch ganz genau am Morgen, wie man das betagte Gerät zusammensetzt. Kaffeemehl oben in ein Sieb reingeben, das wiederum in noch ein Gefäß, und das Ganze rein in den Coffeemaker. Kabel in den Stecker und warten, anderes tun, Kaffeetisch decken und so. Muß mich ja da auch umtun, im fremden Haus.

Jetzt, mein' ich, könnt' der Zeit nach der Kaffee fertig sein. Hab' ihn zwar nicht blubbern hören, was er sonst immer tut. - Ich schraub' dem Coffeemaker den Deckel ab. - Sauber und trocken liegt da mein Kaffeemehl im Coffeemaker! Der hat überhaupt nichts getan, nicht einmal sich geregt! Jetzt so ebbes! Ich prüfe das Kabel und den Stecker, aber die sitzen fest. Dreh das Ding von Coffeemaker nach allen Seiten, betrachte das lichtblaue Blumenmotiv außenrum. Aber innen ist nichts, was im entferntesten nach Kaffee duftet.

"Gibt's schon Kaffee?" Von drinnen aus dem Schlafzimmer kommt's erwartungsfroh. Und ich bin auch schon ganz leer im Kopf.

"Ja, ja, gleich..." ruf ich zurück und staune weiter das Ding vor mir an. Meine Augen wandern zum Wandtelefon darüber. Und die Nummer der Nichte ist auch da. *"Der Coffeemaker, der will nicht, ich weiß nicht..."* Am andern Ende scheint man nachzudenken, des Coffeemakers Gedankengang. *"Hast den Stecker drin?"* Ich prüf' nochmal: *"Yes, natürlich..."* *"Hast heißes Wasser reingegeben?"* *"No, no!"* Ha, das weiß ich doch auch, daß man heißes Wasser nicht in eine Kaffeemaschine gibt! Gedankenschwere Stille am andern Ende. An meinem Ende betrachte ich den Coffeemaker grad von unten, da sind ein paar Schrauben, ob die vielleicht... *"Hast denn überhaupt Wasser reingetan?"* Da bricht's wie die Sonne aus dem Nebel: *"No, no..."* Seither weiß ich, daß auch in Amerika mit Wasser gekocht wird.

* * * *

"Sag, was Du gemacht hast?"

Die Oma sieht ihren jüngsten Enkel, den neunjährigen Kevin, auffordernd an. Der Kevin führt gerade seine neueste Verrenkung, die *"lebende Brezel"*, der Oma vor. Er ist bei der Oma, wenn's irgendwie geht, wie auch seine Geschwister. Die Oma braucht sie ja auch, zum Rasenmähen und Laub zusammenmachen und derlei Dingen. Aber ganz besonders brauchen die Kinder die Oma, wenn zum Beispiel zuhause dicke Luft im Anzug ist, weil vielleicht in der Schule nicht alles so gelaufen ist, oder es sonstwo Ärger gegeben hat. Die Oma, die auf dem kleinen Puppenherd mit der Jenny Pfannkuchen und Apfelbrei kocht, die sagenhafte Puppenkleider für die Barby näht, die den Buben Eiswürfel auf die aufgeschlagenen Knie drückt und die Blessuren vom Baseball-Spielen bepflastert. Die Oma, die immer für sie da ist, weil sie ja auch nicht gut weglaufen kann mit ihren kranken Beinen, und die mit einem *"Mensch ärgere dich nicht"* spielt, und die nicht immer gleich am Fernseher rumfummelt, wenn etwas Aufregendes kommt. Aber umgekehrt ist es doch ein großes Glück, wenn immer einer da ist, wo die Oma ja längst alleine ist. Und wie wäre es bloß ausgegangen, wenn nicht just an diesem Tage der Kevin um den Weg gewesen wäre! *"Sag', wie Du geholfen hast!"*

Der Kevin strahlt: *"Rausgezogen hab' ich sie, aus der Badewanne..."* - Die Oma hatte es doch gewagt, ein Bad zu nehmen, ein Rheumabad, weil die Schmerzen im Kreuz halt gar nicht besser wurden. Und nun hockte sie in der Wanne fest! So ein Malheur! Sie probierte es so und andersherum, zog sich hoch und plagte sich wacker, aber es half alles nichts. Sie rief nach dem Kevin, der schleunigst die Fernsehhelden Helden sein ließ und der Oma zu Hilfe eilte, ein Handtuch um deren Leib wickelte und mit all seiner neunjährigen Kraft an den Enden zog. *"Zieh feste!"* rief die Oma und gab sich einen Ruck, und der Kevin zog und zog. Aber alles schien nichts zu nützen, die Oma rutschte immer wieder zurück. Ob sie denn den Kevin zum Nachbar...

"Versuchs noch mal!" *"Guck, Oma, so muscht Dich heben und lupfen!"* *"Jetzt zieh', zieh'..."* Und ruck! Und noch ein Rucker - und

mit vereinten Kräften stieg Oma endlich aus der Badewanne. Dank dem Helfer in der Not!

Hinterher ist gut lachen, wenn man wieder trocken auf dem Bänkle sitzt und einen die Badewanne nicht mehr drückt!

* * * *

Vierzig Jahre lang hatten sie einander nicht gesehen. Briefe waren ab und zu hin und hergegangen, und manchmal auch ein Telefonat. Vom Kindergarten an waren sie Freundinnen gewesen, über die Schulzeit hinweg und später, bis ihre Wege sich trennten. Die eine wanderte nach Amerika aus, die andere nach Kanada. Und immer war irgendwas, was einen gegenseitigen Besuch hinderte.

Das große Fest im Jahre 1993 im Heimatstädtchen, wo man doch auch dabei sein wollte, brachte nun die zwei Freundinnen nach vierzig Jahren wieder zusammen. Beide waren inzwischen Witwen geworden, beide lebten jetzt allein.

Die Wiedersehensfreude war groß. Man verbrachte drei herrliche gemeinsame Wochen im Heimatstädtchen und versprach sich, daß es bis zum nächsten Wiedersehen nicht mehr Jahre dauern sollte. Pläne wurden geschmiedet. Man muß nur etwas wirklich wollen, und man muß Schritt für Schritt planen und abwägen, das Mögliche vom Unmöglichen trennen, wenn etwas gelingen soll.

"Geh' mit Gott, aber geh'!" sagte ich mir an jenem Morgen, als ich zur Reise nach Amerika - zum sechsten Mal und diesmal allein - aufbrach.

Diesmal hatte ich meinen Besuch angekündigt und wurde drüben erwartet, als das Flugzeug mit einigen Stunden Verspätung in New York landete. Eine gute Woche daheim in Hellertown, und dann wollten wir zusammen nach Vancouver fliegen, wo Ruth seit ihrer Auswanderung lebte. Reservierungen für unsern Flug waren bereits erfolgt.

Am Tage nach meiner Ankunft war die Lokalzeitung voll von einem angekündigten Weltuntergang, irgendein Sektenprophet im Süden wollte es genau wissen. Die Menschen würden vorher ein untrügliches Zeichen an einem bestimmten Tage erhalten.

Ich bin kein Freund solcher Prophezeiungen und auch nicht abergläubisch, und ich wendete mich rasch dem aktuellen Stand der Dinge, nämlich dem herrlichen Land Pennsylvanien, das ich für ein paar Sommerwochen genießen durfte, zu.

Am Abend saßen wir vor dem Fernseher bei den Nachrichten. Es war an dem *"Tag des Zeichens"*, und die Meldung vom Flugzeugabsturz in Pittsburgh traf uns wie ein Blitz. Entsetzt blickten wir auf die Bilder des Grauens. *"Übermorgen wollen wir fliegen..."* Dann aber faßten wir uns. Viele Menschen bestiegen täglich Flugzeuge, und sie trugen sie in alle Himmelsrichtungen. *"Geh' mit Gott, aber geh'!"* Das war *"unser Zeichen"*! Und alles ging gut.

Wir verbrachten mit Ruth eine wunderbare Woche in Vancouver, der "hellen Stadt" mit dem unvergleichlichen transparenten Himmelblau, der Stadt am Pazifischen Ozean mit den weltberühmten Parks und vielhundertjährigen Bäumen. Wo die Wellen des Ozeans an den weißen Strand schlugen vor den sich auftürmenden bizarren Felsgebilden und vor dem Hintergrund rasenumsäumter Villen und übergangsloser Vorstädte. Die Ansammlung der Hochhäuser standen wie Sprossen an den Ausläufern der Rocky-Mountains mit ihren Schneegipfeln. Im Fraser-River, der die Stadt teilt, liegen Unmengen von aus den Wäldern herabgeflößten Baumstämmen und bilden dunkelgrüne Inseln, wenn sich die Sonne herabsenkt und alles in goldenes Licht taucht. Der Ozean war warm und weich und trug die Tage dahin wie den Sand am Meer.

Viel zu schnell vergingen unsere Tage und wir bestiegen wieder zur Rückreise das Flugzeug. Ruth kam mit, sie gedachte einige Wochen bei Ilse zu verbringen.

Die Welt erscheint von oben voll Wunder, wenn der Erdball zu Mustern und Streifen wird, zu dunklen und hellen Flecken, und die Rocky's wie eine Ansammlung kleiner Zwerge mit Zipfelmützen erscheinen, oder aber nichts mehr da ist außer einer grauen Wolkenmasse, unter der sich die Erde verbirgt. Getrost kann man sich dann einem Nickerchen zuwenden, die paar Rumpler über der Wolkenstraße vertrauensvoll ignorierend. Doch plötzlich erschreckt einen das *"Bitte anschnallen!"* *"Ladies und Gentlemen, der Kapitän bittet um Ihre Aufmerksamkeit!"* Da sei ein kleines Problem, eine

Gewitterfront, die man zu umgehen gedenke. Der Rest geht im Rauschen meiner Ohren unter. Siedend heiß fährt's in die Glieder! Ist nicht heute der Tag vom prophezeiten Weltuntergang? Rumpelts denn da nicht ein bißle arg in den Schlaglöchern der Himmelsstraßen? Stocksteif hocken wir in unseren Sitzen, jeder denkt das Gleiche.

Die Stewardeß serviert Drinks. Keine Spur von einer Beunruhigung. Nur eine kleine Verzögerung, und wohlbehalten landen wir wieder daheim, weggewischt Angst und Unsicherheit. Und die Welt ist nicht untergegangen an jenem Tag, nicht an diesem und nicht an dem folgenden, bis zum heutigen Tage nicht.

* * * *

Ob sie nicht so gut sein könnte, wenigstens die Bürgschaft für das Auto zu übernehmen, ohne die die Versicherung einfach nicht spuren wollte. Die beiden jungen Männer baten inständig, und Ilse nickte schließlich, wußte sie es doch gut, wie gut es tut, im fremden Land eine helfende Hand zu haben.

Aber es ist so eine Sache mit der Geschwindigkeitsbegrenzung: 80 Meilen und keinen Deut mehr, und was darüber ist, ist vom Übel, beziehungsweise verfolgt von Strafzetteln.

Absicht war es bestimmt nicht, als nun die Beiden forsch durch diese so übersichtlichen und kerzengeraden Highways im Land der unbegrenzten Möglichkeiten, aber diesmal der stark begrenzten PS, brausten, wohl die Radaraugen am Wege im Freiheitstraum gar nicht wahrnehmend. Längst waren die Beiden wieder glücklich und voller überschwenglicher Erlebnisse zuhause, da erreichten die Ilse nüchterne und haargenaue Speedingbills, Strafzettel wegen Geschwindigkeitsüberschreitung, just zu einer Zeit, wo sie wegen einer Hüftoperation im Krankenhaus lag, und der Traum vom unbegrenzten Reisen schmerzhaft ans Bett gefesselt war: *"Ja, ja, wo hast Dich denn da wieder mal herumgetrieben?" "Und auch noch mit rasanter Geschwindigkeit?"* Aber Krankenhaus und Bett waren schlagende Beweise, und die Anschrift der beiden Missetäter war ja vorhanden. Es dauerte nur seine Zeit, bis der *"unbegrenzte Amtsschimmel"* begriff und die Strafzettel einstellte, die inzwischen zu einem netten

Häuflein angewachsen waren. Und auch der Gerechtigkeit wurde mittels barer Dollar Genüge getan.

* * * *

"Fahrt ja nicht am Montag, da sind sie alle unterwegs, die Trucks und die Laster..."

Aber dann fuhren wir doch los am Montagmorgen, es ging nicht anders. Und schließlich sind die Straßen ja breit und mehrspurig. Und schnell fahren darf man eh nicht, sonst ist man sehr schnell dran mit den *"Speeding-bills"*, den Strafzetteln.

Wahrscheinlich aber hatten sie alle verschlafen oder fuhren am Dienstag, die Trucks und die Laster, auf der Landstraße waren sie nicht! Dort fuhren wir recht einsam gen Westen, Richtung Buffalo und kanadische Grenze. Wir durchquerten schweigende, ungeheuer große Waldflächen auf einsamen Landstraßen und viel weites Land.

Auf einer mehrspurigen Brücke überquerten wir den Sasguahenna-Fluß. Es ist kein begradigter Fluß. Im jetzt noch trockenen Sommer lugen Sandbänke hervor zwischen den Wasseradern, die sich wie Fangarme herumschlängeln. Das breite Flußbett ist umsäumt von wild wachsendem Gebüsch und niedrigen Bäumen.

Auf dem Rückweg sollten wir dort in einen handfesten Wolkenbruch geraten, der uns fast von der Brücke fegte. Keine Sandbank war dann mehr zu sehen, nur braunes, geröllhaltiges Wasser, das über die Wipfel der Büsche hinwegschoß und die Straße überschwemmte. Und wiederum waren es nicht die Trucks und die Laster, die uns den Weg wegnahmen.

* * * *

Es könnte der heimische Neckar sein in seinem einstigen Zustand, dieser Fluß hier, der Delaware, der auf breiter Front in seinem wildromantischen Flußbett schwelgt und immer wieder anhalten muß, um Felsgestein und Waldoasen zu umwandern.

Man möchte bleiben und verweilen an seinen weichen, sanften Ufern, fernab aller Hektik. An *"Washingtons Crossing"* erinnert man sich der Freiheitskriege, als General Washington mit seinen Söldnern dort übersetzte. Sehr friedlich ist es heute, man freut sich über die Besucher und bewirtet sie gerne.

Wir durchstöbern das alte, junge Amerika aus der Gründerzeit, nachvollzogen in historisch erhaltenen und wiederaufgebauten Siedlerdörfern. In der *"Peddler-Village"*, dem wie ein riesiger Flohmarkt anmutenden *"Kruschtort"* gibt es unwahrscheinlich wertvollen Kruscht. Wir erstehen eine feinziselierte Silberarbeit für einen halben Dollar, ebenso ein verwittertes Holz, das aussieht wie ein Urgeweih. Sorgfältig müssen wir abwägen, ob die Schätze nicht zu schwer für unsere Koffer werden.

Eine gute Stunde weiter befindet man sich in der traditionellen alten Zeit, im *Amish-County*, wo die Farmer noch leben wie vor hundert Jahren, ohne Strom und Technik. Aber den Hauch des nicht mehr ganz Glaubwürdigen bringt man im Auspuff mit, aus dem die sogenannte Zivilisation doch kräftig ins heuduftende Land bläst.

Grüne Rasenflächen umsäumen die weit auseinanderliegenden Farmen. Statt bunten Vorhängen an den Fenstern gähnen schwarze, hohlwangige Öffnungen in den weißgetünchten Mauern. Schwarze Schürzen und schwarze Hosen geben ein flatterndes Stelldichein auf der Wäscheleine, aber vor jedem Haus leuchtet bunte Blumenpracht, und im Hausgarten wächst üppiges Gemüse und Obst. Alle die Naturprodukte werden ins Restaurant geliefert, das tagtäglich bevölkert ist von hungrigen Besuchern von außerhalb des Amish-Landes. Die Bedienung dort trägt gleiche dirndlähnliche einfache Kleidung aus kleingeblümtem Mousslin, auf dem Kopf weiße Netzhäubchen. Die gleiche Gewandung tragen die Verkäuferinnen im Supermarkt, wo die Handarbeiten und handgefertigten Gebrauchsgegenstände zum Verkauf angeboten werden. Das Angebot ist verlockend und reichhaltig, und die Registrierkassen klingeln!

Aber dort läuft doch ein Rasenmäher, unverkennbar das Gesumm! Von Hand sind unmöglich diese riesigen Rasenflächen zu mähen! Der Mann dahinter trägt einen hohen, schwarzen, zylinderähnlichen Hut, die schwarzen Hosen sind festgehalten mit Hosenträgern über dem barchentblauen Hemd.

Der Bus hält auf einem ausgedehnten Parkplatz im Zentrum des Verkaufsdorfes, und er ist vollgepackt mit Vehikeln modernster Technik und Bauart. Daneben steht ein vorzeitiger Planwagen mit einem Pferd, das ungeduldig mit den Hufen schärrt; hat wohl genug von dem Touristenrummel und den Zelluloidcameras, die ständig gezückt werden. Der Anhänger des Planwagens ist vollgepackt mit einer Melonen-Gänseschar. Da hocken sie und recken ihre grünen, fruchtigen Krägen nach den Besuchern: kauft uns nur, wir brauchen nichts zu fressen! Es sieht lustig aus, und der junge Mann daneben in seiner Amish-Tracht freut sich über den Zulauf. Natürlich erwerben wir so ein Melonenvieh und verfrachten es ins Auto, und prompt bricht die Gans ihren Hals auf dem Heimweg. Aber es gibt ja Leukoplast, das nicht Kopf und Kragen kostet, sondern denselben zusammenhält! Eine Masche darübergebunden, und schon ist sie wieder lebendig, *"die Gans, die schöne Adelheid..."* Ein Buggy fährt peitschenknallend einher, draußen auf den Feldern zieht ein Pferd den Pflug.

Es sieht so aus, als gäbe es sie noch, die *"gute alte Zeit"*. Die Amish-People sind eine Gruppe des Althergebrachten, sie leben und arbeiten wie in den Anfängen der Besiedlung. Ihre Kinder gehen noch so zur Schule wie damals, die jungen Leute sind gehalten, zu bleiben und nicht auszuscheren aus der Gemeinschaft. Nur - wo ist da der Unterschied, wenn das Überleben überhaupt nur mit Hilfe der Touristen und Besucher, die alles gegen bares Geld abnehmen und kaufen, möglich ist?

* * * *

Es war in den 50er Jahren, als Tante Paula erstmals wieder zu einem Besuch in ihre Heimat kommen konnte. Die Verhältnisse dort hatten sich inzwischen soweit gebessert, daß man wenigstens wieder einkaufen konnte ohne Bezugscheine und Lebensmittelmarken, auch wieder Fleisch zum Gemüse, obwohl die "Dreivierling" und "halbe Pfündlein" noch kleinlich in den Metzgereien rumgeisterten.

Tante Paula hatte im Hausgarten einen Blumenkohl entdeckt, einen Prachtkerl, der unbedingt wegmußte, bevor er auswüchsige Blumen trieb. Nun trachtete sie nach einem saftigen Braten. *"Zum Blumenkohl gehört eine Buttersoße und ein Rindsbraten, und neue Kartoffeln..."*

Aber die langen Jahre im großen, weiten Land hatten auch die Dimensionen der schwäbischen Küche vergrößert, zumindest in Tante Paula's Vorstellung. *"Was darf's sein?"* fragte die

Metzgersfrau, und Tante Paule beeilte sich, der Aufforderung nachzukommen. *"Einen Rindsbraten bitte!"* Abschätzend betrachtete sie die hinter Frau Schäffenacker aufgehängten Fleischstücke. *"So ein saftiges Stück dort vielleicht..."*

"Ja, wieviel soll's denn sein?" Frau Schäffenacker griff zum Messer, um vielleicht Dreivierling oder so abzuschneiden. *"Well, so ungefähr drei Pfund..."*, sagte Tante Paula fröhlich. Frau Schäffenacker legte erschrocken das Messer weg; sie glaubte sich verhört zu haben. *"Dreivierling..."* Aber Tante Paula wähnte nichts Arges: *"No, no - drei Pfund natürlich! Es soll doch ein rechter Braten werden!"* - Und diesmal langte es für jeden ein großes *"Bröckele"*, das nicht zum Suchobjekt zusammengeschrumpft war wie damals in den kargen Zeiten.

* * * *

"Zurück in die kalte Heimat...?" Bedauernd fragt es der Mann an der Sperre. In unseren Köpfen flimmert noch der unendliche Sandstrand von Los Angeles, wo grad die Sonne im ewigen Meer versinkt. Vielleicht ist es ja zuhause noch ein wenig warm, ein goldener Oktober vielleicht...?

Wir nehmen ein wenig mit, von der Sonne und dem ausgebrannten, sandigen Felsengestein in der angeblichen Wüste Nevada, die doch gar keine ist, wo es aus halbhohem Wildwuchs und Büschen von smaragdgrün bis dunkelviolett schimmert und glitzernde Sonnenstrahlen ins Auto funkeln. Sonderbar geformte, bizarre Felsformationen am unendlichen Highway, Gestalten aus Jahrmillionen gebildet, sich immer weiter verändernd.

Sie sind wirklich so, die unwirklich scheinenden Farben auf den Ansichtskarten vom Grand Canyon, die von rostrot ins rubinrot wechselnden Schattierungen im Bryce-Canyon oder im majestätischen Gebirge des Zion-Canyon.

Das laute und buntschillernde Las Vegas lassen wir hinter uns. Die Zeit ist zu kostbar, um sie zu verspielen in den Spielhöllen. *"Jetzt langt's!"* meint der Mann und biegt energisch vor dem feurigen Wasserfall und den plärrenden Leuchtreklamen in *"unsere"* Straße ein, wo wir im feudalen Motel mit Wirlpool und heißen Badetöpfen für eine Nacht Quartier bezogen haben.

Der Highway nimmt uns gefangen, meilenweit kein Haus oder Lebewesen. Dann eine Oase mit Palmen und Tankinseln, wo man sich die Füße vertreten kann oder muß, und wo man plötzlich daran erinnert wird, daß dies nicht mehr das Land der sagenhaft versteinerten Gestalten ist. Oder kommen sie nicht dort hinter dem terrassenförmig ausgewaschenen Sandhügel hervorgeritten, aus dem Death Vally, aus den Salzseen: ...Es ist nur eine Fata Morgana, ein Schattenriß hoch über dem Hügel... Aber dann steht einer in Lebensgröße vor einem Wigwam. Wir meinen, der ist echt, aber es ist alles nur Attrappe, und der Wigwam steht vor einem Superstore, in dem Zeitgenossen gentleman- und ladylike feingeformten Indianerschmuck und kunstfertige Handarbeiten anbieten. Nur die hochwangigen Gesichter und die schwarzen Haare weisen sie aus als die Nachfahren der Ureinwohner. Irgendwo hinter den Bergen sind sie beheimatet, im Reservat, das oft aus festgemachten Wohnwagen besteht. Nicht selten begegnet einem so eine transportable Heimat, im Umzug begriffen auf einen Unterlader gesetzt.

Aber dann ist es immer wieder wie Heimkommen, wenn wir zurückkommen ins Häuschen am Willow Road, ein liebes Gesicht an der Haustüre auftaucht und uns willkommen heißt. Das nächstemal werd' ich dableiben, drei volle Wochen lang, weils daheim halt am schönsten ist!

Wie immer bei unseren Besuchen gehen wir auch zum Friedhof. Zu den Gräbern mit den Grabsteinen, wo neben den Namen der Toten auch bereits die Namen der noch Lebenden eingemeißelt sind, nur das Sterbedatum ist noch offen. Uns mutet dies makaber an, Namen von Menschen hier zu lesen, die quicklebendig neben einem stehen! *"Das erspart den Hinterbliebenen viele Mühe, und es ist gut zu wissen, wo man einst ruht"*, lassen wir uns belehren. Trotzdem, ich weiß nicht recht...

Es sind kleine Grabstellen mit weitflächigen Rasenflächen, höchstens ein paar Kunstblumen am Grabstein. Der Traktor mit dem Rasenmäher muß hindurchfahren können, um die Fläche zu pflegen. Die Gleichförmigkeit vermittelt eine gemessene Ruhe und Friedsamkeit.

Oben im alten Teil sind die Namen vollständig, zum Teil verwaschen und unlesbar. Die Grabsteine hängen windschief im efeuumrankten Sockel. Den Platz braucht man hier nicht, man läßt den Toten ihre Ruhe. Niemand gräbt die Gebeine wieder hoch, um Platz zu schaffen für die nächsten. Dort hinter dem weitläufigen Hügel endet der Blick in einem Maisfeld, das den ganzen Horizont einnimmt.

Im alten Friedhof von Bethlehem finden wir Gräber von den ersten Siedlern. Hierhergekommen 1742, und aus dem Leben geschieden kurze Zeit später, oder auch länger. Kinder, kaum dagewesen auf dieser Erde. Das Leben gelassen in den Freiheitskriegen für das, was eine neue Heimat werden sollte. Auch einen unseres Namens finden wir dort auf einem der viereckigen gleichgeformten Grabsteine. Sauber und gepflegt die Grabreihen unter den hundertjährigen Baumkronen.

Immer wieder sind wir beeindruckt von der Weite des Landes, und es ist sonderbar, ich komme mir nicht verloren vor in der Unendlichkeit. Es ist, als gehöre mein Fuß hierher, als wäre er schon immer dagewesen. Die Menschen am Weg grüßen freundlich, das gelbe Laub zusammenrechend, den Rasen nochmals mähend. *"Nice day today"*, schöner Tag heute. Es liegt mehr darin als nur das Wetter, Anteilnahme, Hilfsbereitschaft. Ein Eichhörnchen huscht über den Weg, verschwindet im Baustamm; hat sich eine Kastanie geholt und trägt sie in seinen Wintervorrat. Bald wird es Winter, und man erinnert sich mit Schaudern an den letzten Winter, wo der Schnee haushoch lag und festgefror, und immer wieder neuer Schneefall kam. Im Supermarkt holen sie bereits die Schneeschieber hervor, und es ist doch noch keine Spur von Eis und Kälte da, die Sonne lacht heiter und warm, alles leuchtet bunt und saftig grün, intensiver Geruch des goldenen Herbstes liegt in der Luft. Tief einatmen und mitnehmen.

Ja, ja - ich weiß wohl, morgen fliege ich zurück ins Schwabenland, in meine Heimat, die ich jetzt nicht mehr verlassen kann und möchte. Frühling, Sommer, Herbst und Winter - die Wurzeln sind tief, und da wo die Heimat ist, ist alles gut und richtig, so wie es ist.

* * * *

Inhaltsverzeichnis Seite